モンスターストライク
MONSTER STRIKE®

で覚える
日本の武将

監修　XFLAG™ スタジオ／矢部健太郎（國學院大學教授）

日本文芸社

日本には「武士道《ぶしどう》」と呼ばれるものがある。

源平《げんぺい》の時代に権力を勝ち取った武将たち、戦国の時代に天下統一を目指した戦人《いくさびと》たち、そして幕末、日本の未来のために命を懸《か》けた志士《しし》たち。

これらの武将や志士たちは、それぞれが信じる武士道を全《まっと》うして戦乱の世を生きた。

本書では、モンスターストライクに登場する武将たちのキャラクターを紹介しながら、歴史の転換点となった動乱の時代を読み解いていく。源義経《みなもとのよしつね》、織田信長《おだのぶなが》などの戦の天才から、宮本武蔵《みやもとむさし》ら剣豪、坂本龍馬《さかもとりょうま》、西郷隆盛《さいごうたかもり》といった維新《いしん》の志士まで、それぞれのキャラクターの背景をより深く知ることで、個性あふれる〝日本史キャラ〟をより身近に感じられるはずだ。

モンスターストライクで覚える日本の武将

PART 01 戦国武将

CHARACTER

EPISODE, READING & COLUMN

CHARACTER

EPISODE , READING

CONTENTS

CHARACTER

CHARACTER

CHARACTER

EPISODE, READING & COLUMN

COLUMN

EPISODE, READING & COLUMN

PART 02

剣豪・英雄

CHARACTER

CHARACTER

CHARACTER

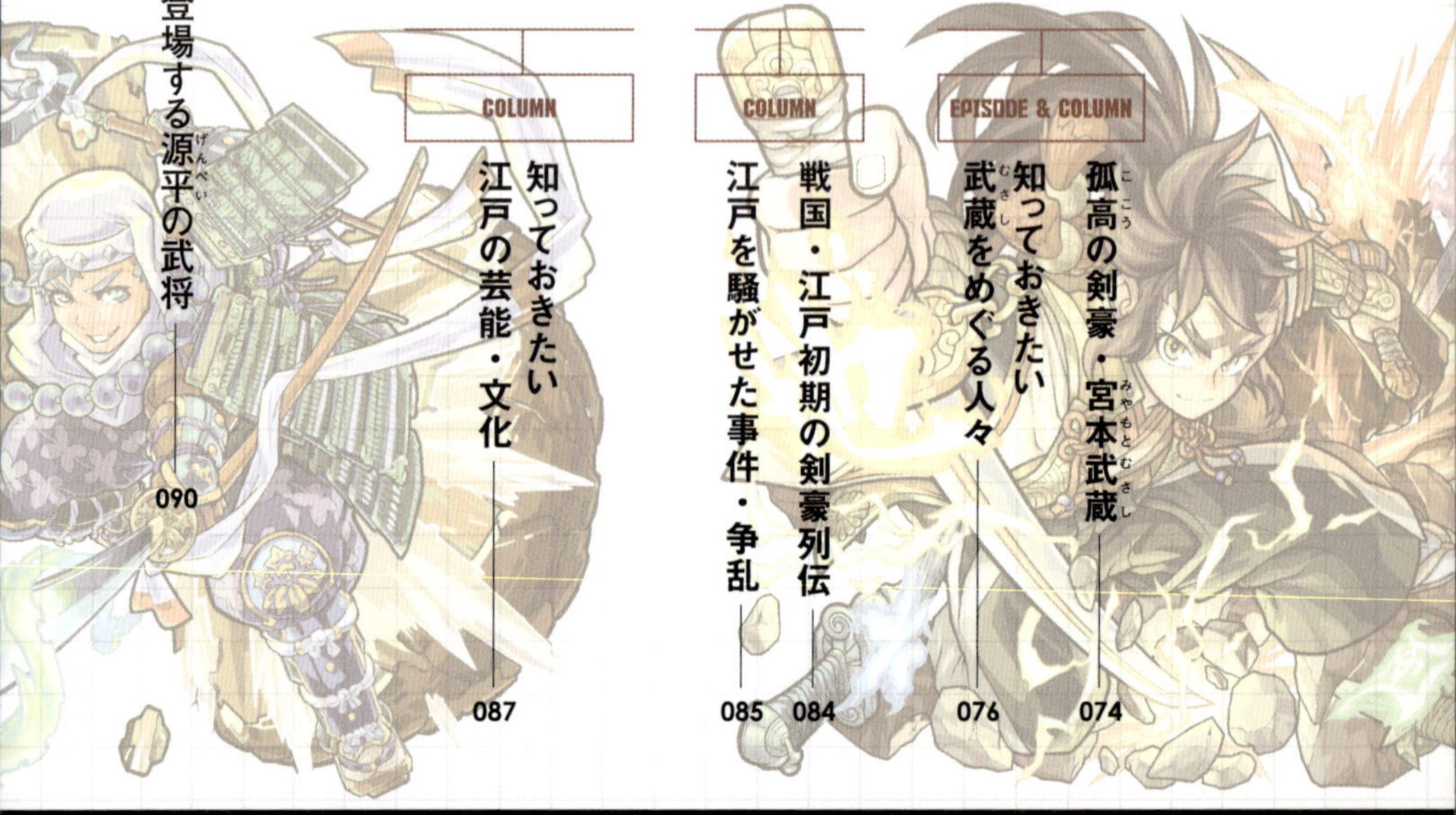

EPISODE & COLUMN

COLUMN

COLUMN

PART 03

源平《げんぺい》の武将

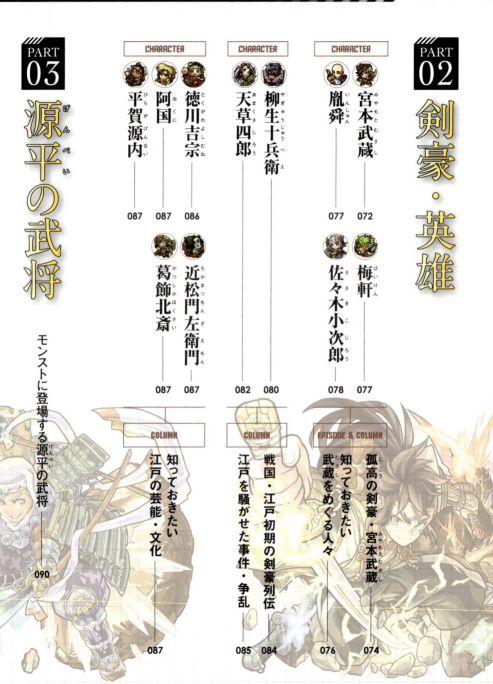

CONTENTS

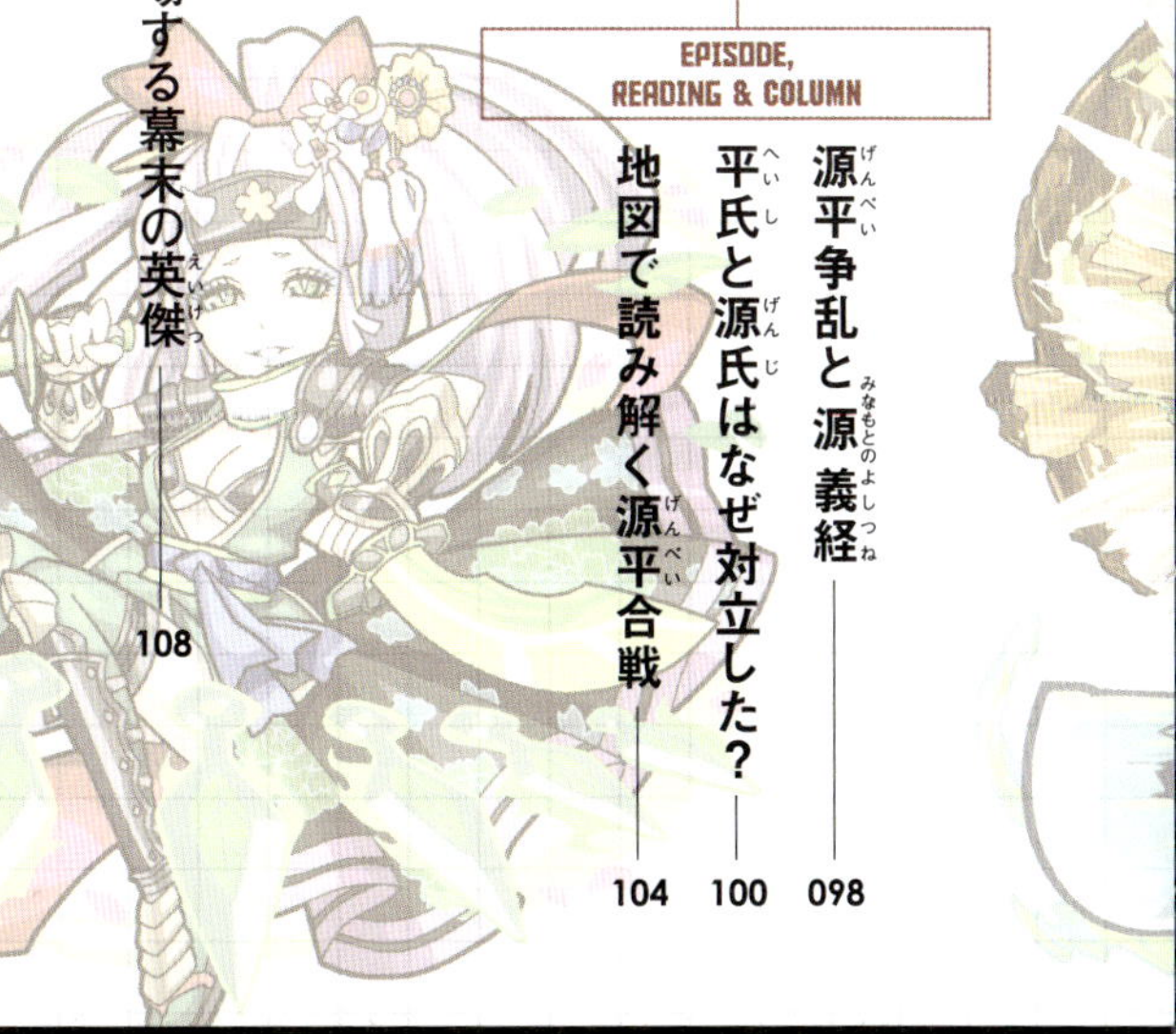

※モンストのキャラ設定は独自のものであり、一般的な歴史の解釈と一致しない部分があります。

モンストキャラで覚える

日本史略年表

卑弥呼《ひみこ》から坂本龍馬《さかもとりょうま》まで、モンストキャラクターで日本史の流れを覚えよう！

時代	年	出来事	番号
弥生時代	57	倭《わ》の奴国王《なのこくおう》、後漢《ごかん》の光武《こうぶ》帝《てい》より金印《きんいん》を授《さず》かる	
	239	卑弥呼が魏《ぎ》より「親魏倭《しんぎわ》王《おう》」の称号を授《さず》かる	1
古墳時代	391	倭国《わこく》が朝鮮を攻撃	
	538	日本に仏教伝来	
飛鳥時代	593	聖徳太子《しょうとくたいし》、摂政《せっしょう》就任	
	645	乙巳《いっし》の変	
	701	大宝律令《たいほうりつりょう》制定	
奈良時代	710	平城京《へいじょうきょう》に遷都《せんと》	
	712	『古事記《こじき》』撰上《せんじょう》	
	720	『日本書紀《にほんしょき》』撰上	
	784	長岡京《ながおかきょう》遷都	
	794	平安京《へいあんきょう》遷都	

4 
六条御息所《ろくじょうのみやすどころ》
光源氏の愛人

3 
光源氏《ひかるげんじ》
『源氏物語』の主人公

2 
滝夜叉姫《たきやしゃひめ》
（？～？）
平将門の娘とされる

1 
卑弥呼《ひみこ》
（？～？）
邪馬台国の女王

7 
酒呑童子《しゅてんどうじ》(朱天童子)
伝説上の鬼の頭目

6 
蘆屋道満《あしやどうまん》(道満法師《どうまんほうし》)
（？～？）
安倍晴明のライバル

5 
安倍晴明《あべのせいめい》
（921 ～ 1005）
平安中期の陰陽師

11 
藤原秀衡《ふじわらのひでひら》
（？～ 1187）
►P105

10 
鞍馬天狗《くらまてんぐ》
►P105

9 
平　清盛《たいらのきよもり》
（1118 ～ 1181）
►P092

8 
茨木童子《いばらきどうじ》
酒呑童子の家来

時代	年	出来事	番号
	1185	屋島《やしま》の戦い 壇《だん》ノ浦《うら》の戦い（平家滅亡）	
鎌倉時代	1185	鎌倉幕府成立 静御前《しずかごぜん》、吉野《よしの》で捕われる	16
	1189	藤原泰衡《ふじわらのやすひら》、源《みなもとのよしつね》義経を殺害 源《みなもとのよりとも》頼朝、奥州《おうしゅう》を平定	17
	1219	源《みなもとのさねとも》実朝が暗殺される	
	1221	承久《じょうきゅう》の乱	
	1247	宝治《ほうじ》合戦（北条《ほうじょう》氏の独裁体制確立）	
	1274	文永《ぶんえい》の役《えき》（元寇《げんこう》）	
	1281	弘安《こうあん》の役（元寇）	
	1332	後醍醐《ごだいご》天皇、隠岐《おき》配流	
	1333	後醍醐天皇、隠岐脱出 新田義貞《にったよしさだ》、鎌倉攻略（鎌倉幕府滅亡）	

本欄のデータの見方

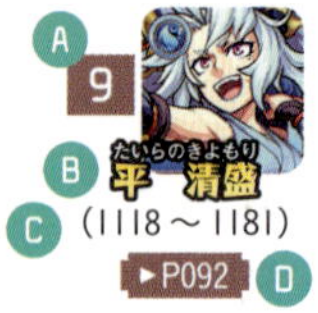

- A 年表内の番号とイラスト番号が対応
- B 人物名
- C 生没年
- D 本文におけるキャラクター紹介ページ

※イラストに付された人名表記のうち、( )内はモンストキャラとしての呼称および表記。

※本文で紹介していないキャラクターは白文字で名称を表示。

※年表に付した番号は、各番号のキャラクターが関連した事件を表示。ただし、架空あるいは伝説の人物、史実としての事績が不明な人物は、活躍したとされる年代付近に番号を付しています。

前ページ下段に続く↘

←

平安時代

797	坂上田村麻呂《さかのうえのたむらまろ》、征夷大将軍《せいいたいしょうぐん》就任	
894	遣唐使《けんとうし》廃止	
935	承平天慶《じょうへいてんぎょう》の乱（平将門《たいらのまさかど》）	2
939	承平天慶の乱（藤原純友《ふじわらのすみとも》）	
1003頃	紫 式部《むらさきしきぶ》『源氏《げんじ》物語』完成	3, 4
1005	安倍晴明《あべのせいめい》死去	5
1016	藤原道長《ふじわらのみちなが》、摂政就任	
1028	平 忠常《たいらのただつね》の乱	
1051	前九年《ぜんくねん》合戦	
1083	後三年《ごさんねん》合戦	
1086	白河上皇《しらかわじょうこう》、院政《いんせい》開始	
1156	保元《ほうげん》の乱	
1159	平治《へいじ》の乱	
1167	平 清盛《たいらのきよもり》、太政大臣《だいじょうだいじん》就任	9
1174	源 義経《みなもとのよしつね》、平泉《ひらいずみ》へ下る	10, 11
1177	鹿ケ谷《ししがたに》の陰謀	
1180	源 頼朝《みなもとのよりとも》挙兵	12
1183	倶利伽羅峠《くりからとうげ》の戦い	13
1184	一ノ谷《いちのたに》の戦い	14, 15

2 3 4 5 6 7 8 9 10 11 12 13 14 15

12 源 頼朝《みなもとのよりとも》（1147～1199）
▸P093

13 源 義仲《みなもとのよしなか》（木曽義仲《きそよしなか》）（1154～1184）
▸P103

14 源 義経《みなもとのよしつね》（1159～1189）
▸P094

15 平 敦盛《たいらのあつもり》（1169～1184）
▸P103

16 静 御前《しずかごぜん》（？～？）
▸P102

17 武蔵坊弁慶《むさしぼうべんけい》（？～1189？）
▸P096

18 世阿弥《ぜあみ》（1363?～1443?）室町時代の能役者

19 北条氏康《ほうじょううじやす》（1515～1571）
▸P029

20 今川義元《いまがわよしもと》（1519～1560）
▸P029

21 武田信玄《たけだしんげん》（1521～1573）
▸P020

22 織田信長《おだのぶなが》（1534～1582）
▸P032

23 上杉謙信《うえすぎけんしん》（1530～1578）
▸P018

←

1333	建武《けんむ》の新政（後醍醐天皇による新政）	

室町時代

1336	建武式目《けんむしきもく》制定／後醍醐《ごだいご》天皇、吉野遷幸《よしのせんこう》（南北朝《なんぼくちょう》分裂）湊川《みなとがわ》の戦い	
1338	足利尊氏《あしかがたかうじ》、征夷大将軍就任（室町《むろまち》幕府成立）	
1368	足利義満《あしかがよしみつ》、将軍就任	
1392	南北朝合一	
1400頃	『風姿花伝《ふうしかでん》』の原型成る	18
1401	足利義満、遣明使《けんみんし》派遣	
1441	嘉吉《かきつ》の乱	
1467	応仁《おうにん》の乱勃発	

戦国時代

1495	北条早雲《ほうじょうそううん》、小田原《おだわら》城を奪取	
1543	種子島《たねがしま》に鉄砲伝来	
1549	ザビエル来日（キリスト教伝来）	
1554	甲相駿《こうそうすん》三国同盟	19, 20, 21
1555	厳島《いつくしま》の戦い	
1560	桶狭間《おけはざま》の戦い	22
1561	上杉謙信《うえすぎけんしん》、関東管領《かんとうかんれい》に就任	23

18 19 20 21 22 23

↖次ページ上段に続く

戦国時代

年	出来事	No.
1563	ルイス・フロイス来日	
1564	直虎《なおとら》、井伊《いい》家当主となる	24
1568	織田信長《おだのぶなが》、足利義昭《あしかがよしあき》を奉《ほう》じて上洛《じょうらく》	
1571	織田信長、延暦寺《えんりゃくじ》を焼き討ち	
1572	三方ヶ原《みかたがはら》の戦い	25

安土桃山時代

年	出来事	No.
1573	織田信長、足利義昭を京から追放	
1575	長篠《ながしの》の戦い	
1576	織田信長、安土《あづち》城築城	
1582	天目山《てんもくざん》の戦い（武田《たけだ》氏滅亡） 本能寺《ほんのうじ》の変／山崎《やまざき》の合戦	27, 26
1583	賤ヶ岳《しずがたけ》の合戦	28
1584	小牧《こまき》・長久手《ながくて》の合戦	
1585	四国平定 豊臣秀吉《とよとみひでよし》、関白就任	29
1587	九州平定	
1588	淀殿《よどどの》、秀吉《ひでよし》の側室《そくしつ》となる	30
1590	小田原《おだわら》攻め（北条《ほうじょう》氏滅亡） 徳川家康《とくがわいえやす》、江戸城入城	31
1590	奥州《おうしゅう》平定（伊達《だて》氏服属） 豊臣秀吉、天下統一	

24 井伊直虎《いいなおとら》（？～1582）▶P065

25 本多忠勝《ほんだただかつ》（1548～1610）▶P066

26 明智光秀《あけちみつひで》（1528～1582）▶P038

27 服部半蔵《はっとりはんぞう》（1542～1596）▶P068

28 柴田勝家《しばたかついえ》（1522～1583）▶P045

29 豊臣秀吉《とよとみひでよし》（1536～1598）▶P040

30 淀殿《よどどの》（茶々《ちゃちゃ》）（1567?～1615）▶P046

31 前田慶次《まえだけいじ》（1541?～1605?）▶P026

32 直江兼続《なおえかねつぐ》（1560～1619）▶P028

33 徳川家康《とくがわいえやす》（1542～1616）▶P060

34 黒田官兵衛《くろだかんべえ》（1546～1604）▶P050

35 石田三成《いしだみつなり》（1560～1600）▶P050

36 出雲阿国《いずものおくに》（阿国）（？～？）▶P087

37 宮本武蔵《みやもとむさし》（1582?～1645）▶P072

38 佐々木小次郎《ささきこじろう》（？～1612）▶P078

39 宍戸梅軒《ししどばいけん》（梅軒《ばいけん》）（？～？）▶P077

40 伊達政宗《だてまさむね》（1567～1636）▶P051

41 真田幸村《さなだゆきむら》（1567～1615）▶P054

江戸時代

年	出来事	No.
1702	『奥の細道』刊行 赤穂《あこう》事件	45, 46
1703	『曽根崎心中《そねざきしんじゅう》』初演	47
1716	徳川吉宗《とくがわよしむね》、将軍就任（享保《きょうほう》の改革）	48
1776	エレキテルの実験	49
1782	天明《てんめい》の大飢饉《ききん》	
1787	松平定信《まつだいらさだのぶ》、老中《ろうじゅう》就任（寛政《かんせい》の改革）	
1831	『富嶽三十六景《ふがくさんじゅうろっけい》』完結	50
1833	天保《てんぽう》の大飢饉	
1834	水野忠邦《みずのただくに》、老中就任（天保の改革）	
1843	阿部正弘《あべまさひろ》、老中就任	
1853	ペリー、浦賀《うらが》に来航	
1858	井伊直弼《いいなおすけ》、大老《たいろう》就任 安政《あんせい》の大獄《たいごく》	
1859	吉田松陰《よしだしょういん》が刑死	
1860	安藤信正《あんどうのぶまさ》、老中就任 勝海舟《かつかいしゅう》ら咸臨丸《かんりんまる》で渡米《とべい》 桜田門外《さくらだもんがい》の変	
1862	生麦事件／松平容保《まつだいらかたもり》、京都守護職就任 寺田屋《てらだや》事件	51, 52

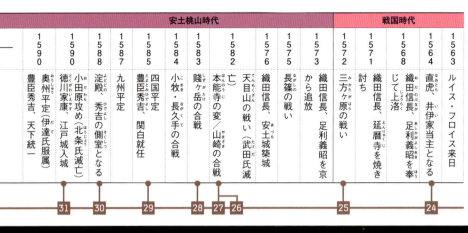

江戸時代

1592〜96	文禄《ぶんろく》の役（朝鮮出兵）	
1597〜98	慶長《けいちょう》の役（朝鮮出兵）	
1598	豊臣秀吉死去	
1600	関ヶ原《せきがはら》の合戦	32 33 34 35
1603	徳川家康、征夷大将軍《せいいたいしょうぐん》就任（江戸幕府成立） 京都でかぶき踊りが流行	36
1612	船島《ふなしま》（巌流島《がんりゅうじま》）の決闘	37 38
1613	伊達政宗《だてまさむね》、支倉常長《はせくらつねなが》を欧州に派遣	39 40
1614	大坂冬の陣	
1615	大坂夏の陣 武家諸法度《ぶけしょはっと》・禁中並《きんちゅうならびに》公家《くげ》諸法度制定	41
1616	徳川家康死去	
1637	島原《しまばら》の乱	42
1648	宝蔵院胤舜《ほうぞういんいんしゅん》死去	43
1650	柳生光厳《やぎゅうみつよし》（十兵衛《じゅうべえ》）死去	44
1651	慶安《けいあん》事変（由井正雪《ゆいしょうせつ》の乱）／武家諸法度《ぶけしょはっと》改定	
1685	生類憐《しょうるいあわれ》みの令	

前ページ下段に続く↘

47 近松門左衛門《ちかまつもんざえもん》
(1653〜1724)
▶P087

46 赤穂浪士《あこうろうし》
(赤穂浪士47)
▶P085

45 松尾芭蕉《まつおばしょう》(MC芭蕉)
(1644〜1694)
▶P059

44 柳生十兵衛《やぎゅうじゅうべえ》
(1607〜1650)
▶P080

43 宝蔵院胤舜《ほうぞういんいんしゅん》(胤舜)
(1589〜1648)
▶P077

42 天草四郎《あまくさしろう》
(1621〜1638)
▶P082

52 おりょう
(1841〜1906)
▶P112

51 坂本龍馬《さかもとりょうま》
(1836〜1867)
▶P110

50 葛飾北斎《かつしかほくさい》
(1760〜1849)
▶P087

49 平賀源内《ひらがげんない》(ゲンナイ)
(1728〜1779)
▶P087

48 徳川吉宗《とくがわよしむね》
(1684〜1751)
▶P086

56 勝海舟《かつかいしゅう》
(1823〜1899)
▶P121

55 西郷隆盛《さいごうたかもり》
(1827〜1877)
▶P118

54 徳川慶喜《とくがわよしのぶ》
(1837〜1913)
▶P120

53 新選組
▶P124

猿飛佐助《さるとびさすけ》
▶P056

明治時代

1863	長州《ちょうしゅう》藩外国船砲撃事件 薩英《さつえい》戦争 八月十八日の政変	
1864	池田屋《いけだや》騒動 禁門《きんもん》の変（蛤御門《はまぐりごもん》の変） 第1次長州征伐 四国艦隊、下関《しものせき》砲撃	53
1865	第2次長州征伐	
1866	薩長《さっちょう》同盟成立 徳川慶喜《とくがわよしのぶ》、将軍就任	54
1867	徳川慶喜、大政奉還《たいせいほうかん》 坂本龍馬《さかもとりょうま》、中岡慎太郎《なかおかしんたろう》が暗殺される 王政復古《おうせいふっこ》の大号令	
1868	鳥羽《とば》・伏見《ふしみ》の戦い（戊辰《ぼしん》戦争勃発） 江戸城無血開城	55 56
1869	箱館《はこだて》、五稜郭《ごりょうかく》開城（戊辰戦争終結）	
1871	廃藩置県《はいはんちけん》	

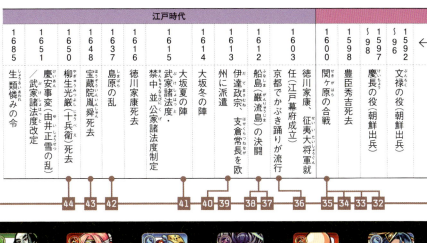

CHARACTER 武将を知る

このページで登場する武将は、モンストでもおなじみのキャラクターばかり。
オリジナリティあふれるキャラクターデザインにも注目しよう。

①モンストの図鑑ナンバー
②モンスターのレアリティ。星の数が多いほど、レアリティが高い
③バトル時に表示されるボール絵の画像
④ストライクショットの名称
⑤モンスターのセリフ
SS……ストライクショットのセリフ
逃……逃走するときのセリフ
倒……倒されたときのセリフ

A 紹介する武将の名前

4つの章にわけて、戦国武将、剣豪・英雄、源平の武将、維新の英傑《えいけつ》の順に紹介する。

C モンスターストライクのキャラクター

オリジナリティあふれるデザインのキャラクターイラストをオールカラーで掲載。

D キャラクターデザインの解説

キャラクターのデザインについての解説。もっている武器や飾りの由来がわかる！

E キャラクターの詳細データ

キャラクターの名前やレアリティ、ゲームで発する声など。

F 武将の解説

武将についての詳しい解説。どのような武将なのかをわかりやすく紹介する。

G 武将のゆかりの地

城跡や古戦場、神社など、今でも残されている武将にまつわる場所を紹介。

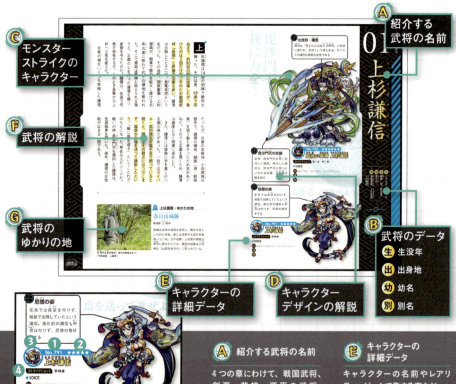

EPISODE 物語を知る

それぞれの時代の戦乱の背景、武将たちの栄枯盛衰の物語など、
歴史の流れをストーリー仕立てでわかりやすく紹介する。

A 物語のタイトル

紹介する時代ごとのエポックメイキングとなるできごとを中心に紹介。

B 5つに分けて紹介する物語

「PART1」「PART3」「PART4」では、それぞれの時代の戦乱と武将たちをストーリー仕立てで紹介。「PART2」は宮本《みやもと》武蔵《むさし》の生涯。

C ストーリーに登場するキャラクター

このページの物語に登場するキャラクターを背景にもあしらっている。

D エピソードに登場する人物一覧

物語の登場人物。武将についておさらいしたい場合は、名前の下にあるページに戻れば確認できる。

E キーワード解説

エピソードに出てきたキーワード3つをくわしく紹介。

メイン

このページで紹介する物語の主人公

サブ1

このページで紹介する物語の脇役たち

READING 武将をもっと学ぶ

武将や歴史上のできごとについて、さらに深く読みとくページ。
武将たちや戦乱にまつわる時代背景や知られざるエピソードも紹介する。

COLUMN 時代を知る

武将や紹介する時代にまつわることがらをくわしく解説。さまざまなエピソードや関連のモンストキャラも紹介する。

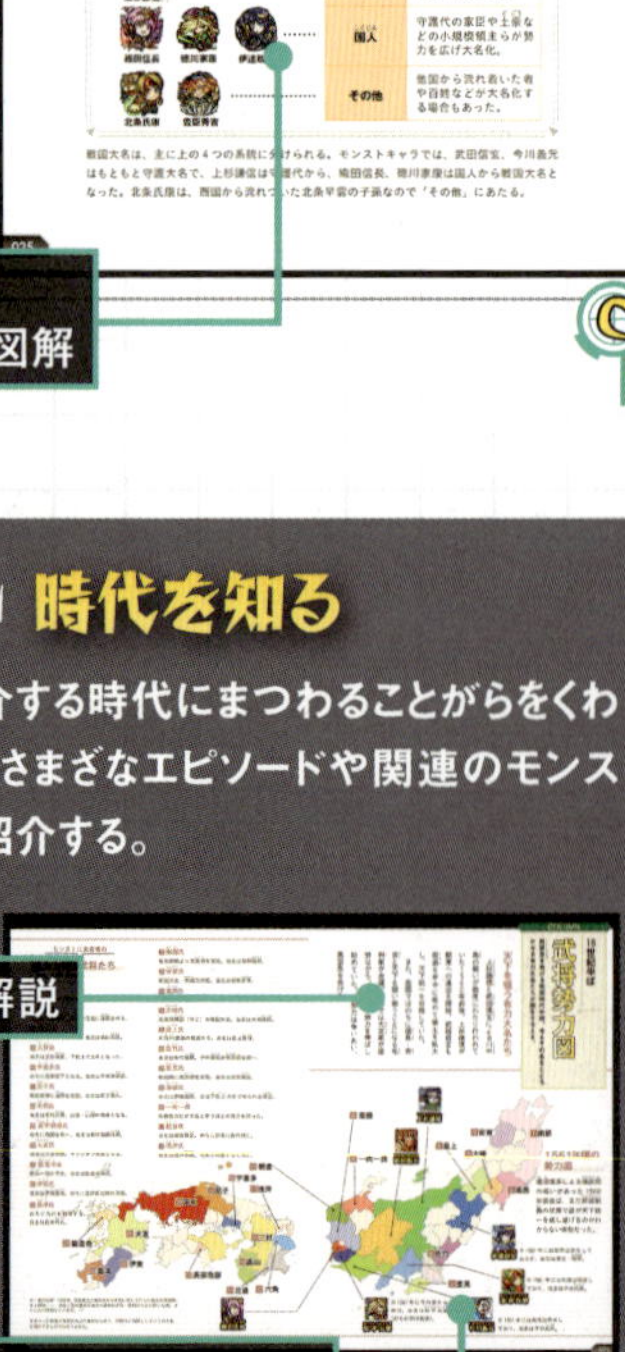

A 読みときのタイトル

武将や戦乱の背景をさらに深く読みとく。

B くわしい解説

知識や理解を深めるためのエピソードを、わかりやすく解説する。

C キーワード解説

Bの解説で出てきたキーワードをよりくわしく紹介。

D 武将にまつわる画像・マップ解説

武将や戦にまつわる画像やマップを掲載。

E 武将にまつわる図解・キャラクター解説

テーマに関連したエピソードを分かりやすく図解。またはテーマに関連したモンストキャラを紹介。

PART 01

戦国武将

モンストに登場する

戦国の武将

力と人間関係が複雑に絡み合った戦国時代。
最後に天下統一を果たしたのは誰だ!?

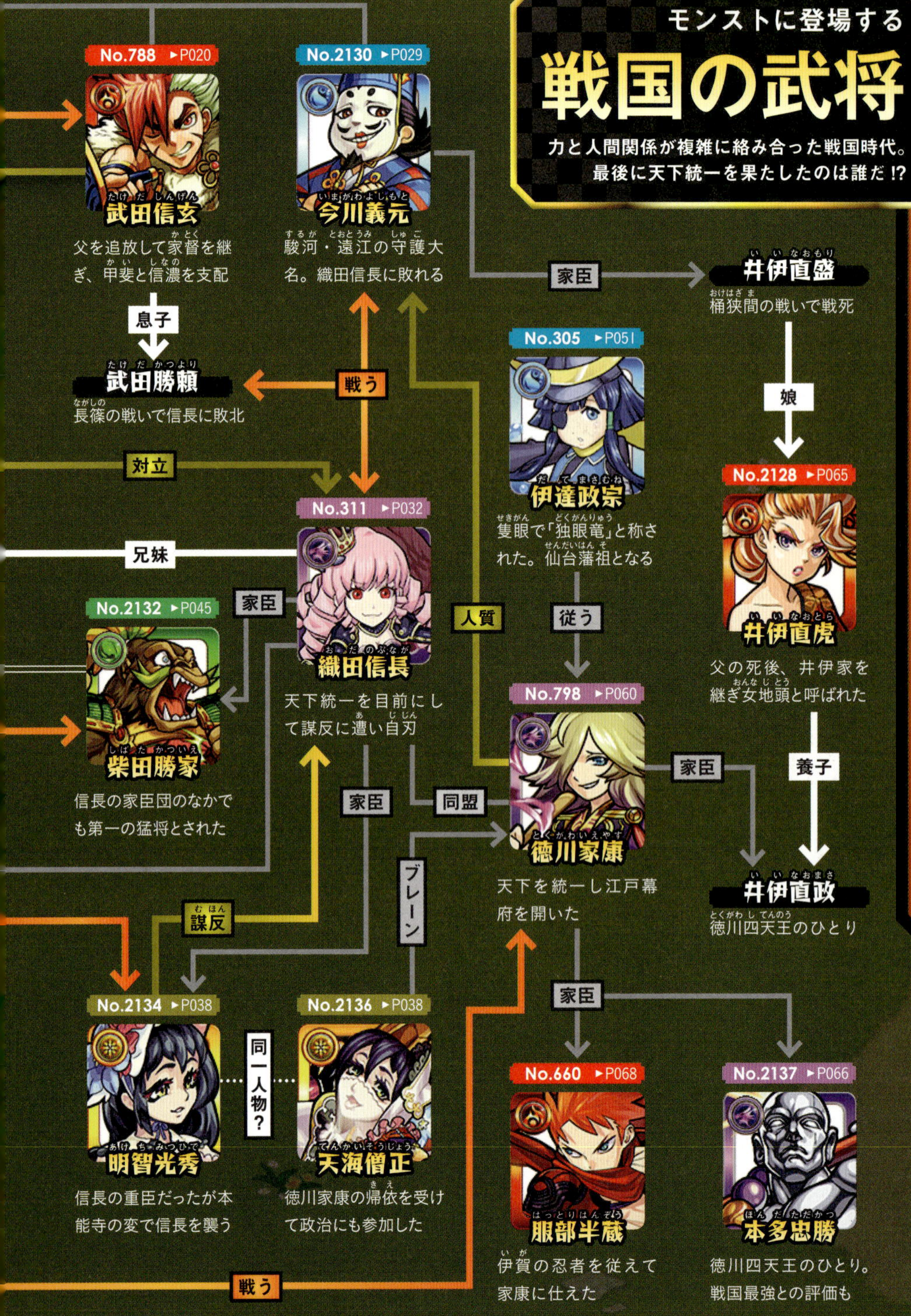

※モンストのキャラ設定は独自のものであり、一般的な歴史の解釈と一致しない部分があります。

character

01

上《うえ》杉《すぎ》謙《けん》信《しん》

生 1530〜1578
出 越後《えちご》（現・新潟県）
幼 虎千代《とらちよ》
別 長尾景虎《ながおかげとら》、上杉政虎《うえすぎまさとら》、上杉輝虎《うえすぎてるとら》

義のために戦う「越後《えちご》の龍」

毘沙門天よ我に力を！

女武将・謙信《けんしん》
謙信《けんしん》は「男もおよばぬ大力無双《だいりきむそう》」と民謡に歌われ、女性という説もある。モンストの謙信は勇猛な女性である

毘沙門天《びしゃもんてん》の武器
武神・毘沙門天を篤《あつ》く信仰した謙信。神化した謙信は、毘沙門天が持つといわれる武器・三叉戟《さんさげき》で敵を倒す

No.793 ★★★★★★
越後《えちご》の軍神《ぐんしん》 上杉謙信《うえすぎけんしん》

ストライクショット 毘・沙・門・天

VOICE
SS 毘沙門天よ、我に力を！　ストライクショット。
逃 ——
倒 ——

塩を送って進ぜよう。

尼僧《にそう》の姿
史実では具足《ぐそく》を付けず、軽装で出陣していたという謙信。進化前の謙信も甲《かっ》冑《ちゅう》は付けず、尼僧の格好をする

No.791 ★★★★★
上杉謙信《うえすぎけんしん》

ストライクショット 軍神速

VOICE
SS 塩を送って進ぜよう。ストライクショット。
逃 ——
倒 ——

上《うえ》杉《すぎ》謙信《けんしん》は14歳の初陣《ういじん》で勝利を飾った。それ以来、48歳で死ぬまで、約80回の戦《いくさ》に出陣したが、負けたのは2回だけだ。そのため戦国武将「最強」と評価する者も多い。謙信は元服したときには、長尾景虎《ながおかげとら》という名だった。その当時、関東管領《かんとうかんれい》・上杉《うえすぎ》憲政《のりまさ》が、関東で勢力を拡大し続ける北《ほう》条《じょう》氏康《うじやす》に敗れて代々の領地を奪われた。そこで憲政は軍神と称えられる強さと、正義の心を持った謙信を頼り、家督を与えたのだ。謙信は、生涯で何度か改名するが、このとき長尾から上杉へと名を変えた。

北条の城をいくつも攻略した謙信だったが、氏康の本拠地・小田原城《おだわらじょう》は堅牢で、謙信の領地・越後《えちご》（現・新潟県）を狙う敵も多かったため攻めあぐねた。それでも正義を貫くため、謙信は幾度となく関東に派兵した。

また、謙信には宿敵に手を差しのべる懐《ふところ》の深さがあった。一説ではライバル・武田信玄《たけだしんげん》が塩不足で困っていると聞くと、謙信はその弱点にはつけこまず、越後から塩を送って援助したという。「敵に塩を送る」ということわざのもとになった、有名なエピソードだ。戦いの神・毘沙門天《びしゃもんてん》を信仰した謙信は、生涯独身を貫いた。後年、謙信の女性説が広まる一因である。

空堀《からぼり》や土塁《どるい》が現存。謙信の銅像も立つ。
（写真提供：上越市）

上杉謙信・ゆかりの地

春日山城跡《かすがやまじょうあと》

新潟県上越《じょうえつ》市

複雑な自然の地形を利用し、難攻不落といわれた名城。跡には空堀や土塁が多数残っている。江戸初期、上杉家の領地は米沢《よねざわ》に移されたため、謙信の遺骸は上杉《うえすぎ》神社（山形県米沢市）に祀《まつ》られている。

character

02 武田信玄《たけだしんげん》

生 1521～1573
出 甲斐《かい》（現・山梨県）
幼 太郎《たろう》
別 晴信《はるのぶ》

武田《たけだ》騎馬隊を率《ひき》いた「甲斐《かい》の虎」

甲斐の虎に敵は無し！

血気盛んな軍馬

史実では武田《たけだ》騎馬隊を指揮して数多《あまた》の敵軍を蹴散らした信玄《しんげん》。神化した信玄は白い暴れ馬を乗りこなす

軍配《ぐんばい》型の斧

「風のように速く動き、林のように静かに構え、火のように猛攻し、山のように重く動かない」という信玄の代名詞、“風林火山《ふうりんかざん》”を刻む

No.790 ★★★★★★

甲斐《かい》の軍神《ぐんしん》 武田信玄《たけだしんげん》

ストライクショット 風・林・火・山

VOICE

SS 甲斐の虎に敵は無し！　ストライクショット！
逃 ――
倒 ――

信玄《しんげん》の軍配《ぐんばい》

信玄は、ライバル上杉謙信《うえすぎけんしん》の太刀《たち》を、軍配で受けたという逸話がある。モンストでは軍配から炎が出ている

侵掠する事、火の如し！

No.788 ★★★★★

武田信玄《たけだしんげん》

ストライクショット 馬脚走!

VOICE

SS 侵掠する事、火の如し！　ストライクショット！
逃 ――
倒 ――

武《たけ》田《だ》信玄《しんげん》が父から受け継いだ甲《か》斐国《いのくに》（現・山梨県）は山林が多く、農地や資源に乏しかった。周囲には上杉《うえすぎ》、北条《ほうじょう》、今川《いまがわ》、織田《おだ》など有力勢力が揃い、それに対抗する国力をつけるために、信玄は領地を広げるよりほかなかった。

信玄は積極的に戦いを仕掛け、北側に隣接する信濃国《しなののくに》（現・長野県）の獲得を目指した。その過程で起きた上杉《うえすぎ》謙信《けんしん》との衝突が、有名な「川中島《かわなかじま》の戦い」である。この合戦で、両者は5回激突。決着はつかなかったが、信玄は信濃国を治めることに成功した。信玄は生涯70回余りの戦いに出たが、負けたのはたったの4回だけという。猛者揃いの地域で残したこの戦績を根拠に、信玄を最強武将に挙げる声も多い。「人は城、人は石垣、人は堀」という人材や領民を大事にした、信玄らしい言葉も残す。信玄は家臣《かしん》を身分ではなく、能力ややる気で出世させた。また、領内の道路を整え、治水《ちすい》工事で農業の発展もさせた。軍事と内政両方で手腕を発揮したのだ。

ちなみに、信玄の代名詞、「風林火《ふうりんか》山《ざん》」は、武田軍の旗指物《はたさしもの》に書かれた「疾如風　徐如林　侵掠如火　不動如山」（孫子の兵法書からの引用）の末尾文字を並べたものといわれている。

勝運《かちうん》のご利益《りやく》が有名。

武田信玄・ゆかりの地

武田《たけだ》神社

山梨県甲府《こうふ》市

信玄公は城を築かず、「躑躅ヶ《つつじが》崎館《さきやかた》」と呼ばれる屋敷に住み、家臣や領民からは「おやかた様」と呼ばれていた。大正時代に館の跡地に武田神社が創建され、信玄公が御祭神として祀《まつ》られている。

戦国の夜明けと下《げ》剋上《こくじょう》

応仁《おうにん》の乱をきっかけとして全国に争乱が広がり、繰り返される下剋上の果てに群雄割拠《ぐんゆうかっきょ》の時代が到来した。

START

EPISODE 1

室町《むろまち》時代の末期、将軍家の跡継ぎ問題をきっかけとして**応仁《おうにん》の乱（①）**が発生。京都で始まった戦いは拡大していき、やがて全国の大名たちが東軍と西軍に分かれて争った。そのため京の都は荒れ果て、将軍の権威《けんい》も失われていった。

EPISODE 2

この乱をきっかけに、全国の守護《しゅご》大名《だいみょう》や武士たちは将軍や主家の命令に従わなくなり、各地で**下《げ》剋上《こくじょう》（②）**が横行した。こうして戦国の世を迎えると、幕府に仕えていた守護大名やその支配下にあった守護代《しゅごだい》、国人《こくじん》などが戦国大名となっていった。

エピソード編成

戦乱の果てに武田信玄、上杉謙信ら有力大名が台頭する。そして、尾張の織田信長が歴史の表舞台に登場する。

サブ1

北条氏康
▶ p029

サブ2

武田信玄
▶ p020

サブ3

上杉謙信
▶ p018

サブ4

織田信長
▶ p032

EPISODE 3

この下剋上の時代、関東でなんの身分もない浪人《ろうにん》であった**北条早雲**《ほうじょうそううん》（③）、東海で油売りから身を起こした斎藤道三《さいとうどうさん》が戦国大名になるなど、成り上がり者も増えていった。こうして戦国時代の初期には多くの大名が大小の国を支配し、群雄割拠の時代を迎えた。

EPISODE 4

戦国時代の中期には、北条氏康《うじやす》、武田信玄《たけだしんげん》、上杉謙信《うえすぎけんしん》、毛利元就《もうりもとなり》など、天下を狙う実力を備えた有力大名が台頭していった。彼らは戦いのなかにありながら、自分たちが支配する領地《りょうち》に城下町《じょうかまち》を形成し、新田《しんでん》を開発するなどして国力を高めるのであった。

EPISODE 5

戦国時代に、ヨーロッパから鉄砲が伝来した。そして各地の有力大名たちがひしめくなか、尾張《おわり》（現・愛知県）から織田信長《おだのぶなが》が登場する。信長は身分にこだわらず有能な人物を登用し、鉄砲などの最新兵器も取り入れながら、破竹《はちく》の勢いで戦国の勢力図を書きかえていった。

GOAL

KEY WORD

①応仁の乱

将軍家と管領《かんれい》の畠山《はたけやま》・斯波《しば》両家の跡継ぎ問題に、有力守護大名の細川《ほそかわ》・山名《やまな》両家の勢力争いが絡んで起こった内乱。11年間にわたって続いた。

②下剋上

地位が下の者が上の者を実力で圧倒し、権力や領地などを手に入れること。日本では、とくに南北朝《なんぼくちょう》時代から戦国時代にかけて多く発生した。

③北条早雲

室町時代後期の武将。伊勢新九《いせしんく》郎《ろう》（宗瑞《そうずい》）とも。駿河《するが》の今川《いまがわ》氏に仕えたあと伊豆《いず》・小田原《おだわら》に進出し、のちの北条氏康にいたる後北条《ごほうじょう》氏の始祖となった。

戦国の群雄割拠と川中島《かわなかじま》の戦い

下剋上《げこくじょう》で成り上がった群雄たちと謙信《けんしん》・信玄《しんげん》の戦い

戦国時代は下剋上《げこくじょう》で始まった。織田信長《おだのぶなが》の先祖の織田家も、下剋上で尾張《おわり》という国を乗っ取っている。ただ信長が名を挙げた桶狭間《おけはざま》の戦い（1560年）あたりの戦国時代は、下剋上で成り上がった群雄同士がぶつかり合う新たなステージに移っていた。

群雄同士の戦いのなかでも、越後《えちご》の上杉謙信《うえすぎけんしん》と甲斐《かい》の武田信玄《たけだしんげん》が繰り広げた**川中島《かわなかじま》（①）**の戦いが名高い。1553年に信玄が川中島周辺を支配していた**村上《むらかみ》氏（②）**を倒したことを契機に、1564年までの間で、謙信・信玄の軍勢は川中島をめぐって5回も激突したが勝敗はつかなかった。

川中島の戦い最大の激戦は1561年9月10日。謙信は1万2千～6千ほどの軍で攻め込み、対して信玄は約2万人の軍をこっそり二手に分けて挟み撃ちを試みる。しかし謙信は、信玄軍から上がる**炊飯《すいはん》の煙（③）**が増えたことから信玄の奇襲を予測。二手に分かれた信玄軍が離れたスキをつ

KEY WORD

①川中島
川中島周辺は主要な川・街道があり、謙信・信玄のうち川中島をとったほうが一気に相手の国へ攻め込める重要地点だった。

②村上氏
信玄を2度撃退した村上義清《むらかみよしきよ》は、自ら敵陣に切り込むなど武勇に長けていた。村上氏はのちに上杉氏の家臣となる。

③炊飯の煙
食事の準備をすると煙で軍勢の位置がバレるので、信玄軍は二手に分かれる前に多めに食事を用意しなければならなかった。

いて突撃した。信玄は戦死寸前まで追い込まれたが、間一髪で信玄軍の合流が間に合い形勢逆転。謙信は悔しさを抑えて撤退した。この戦いは、半日で両軍それぞれ3千～4千人の戦死者を出す壮絶な結果となった。

絵図にある信玄と謙信の一騎打ちは、5度にわたった川中島の戦いのうち4度目の戦いのこととされる。

『大日本歴史錦絵 川中嶌大合戦之圖』（国立国会図書館蔵）

戦国大名の種類

 武田信玄  今川義元	守護大名《しゅごだいみょう》	室町幕府に守護として任じられ、領国支配を進めた大名。
 上杉謙信	守護代《しゅごだい》	守護の代わりに行政を行った代官が、主家に代わり領国を支配。
 織田信長  徳川家康  伊達政宗	国人《こくじん》	守護代の家臣や土豪《どごう》などの小規模領主らが勢力を広げ大名化。
 北条氏康  豊臣秀吉	その他	他国から流れ着いた者や百姓などが大名化する場合もあった。

戦国大名は、主に上の4つの系統に分けられる。モンストキャラでは、武田信玄、今川義元はもともと守護大名で、上杉謙信は守護代から、織田信長、徳川家康は国人から戦国大名となった。北条氏康は、西国から流れついた北条早雲の子孫なので「その他」にあたる。

character

03 前《ま》田《え》慶《だ》次《けいじ》

生 1533(?)～1605(?)

出 尾張《おわり》(現・愛知県)

幼 ―

別 前田利益《まえだとします》、前田慶次郎《まえだけいじろう》、前田宗兵衛《まえだそうべえ》、前田利太《まえだとしたか》

自由を謳歌《おうか》した戦国一の傾奇者《かぶきもの》

たった一度の人生、風流に行こうぜ!

歌舞伎《かぶき》役者さながらの風貌

史実では隠居後、短歌・能などの趣味に興じた慶次《けいじ》。歌舞伎役者さながらに髪を振り乱し、目の下に隈取《くまどり》のような赤い化粧を施《ほどこ》す

我流の舞

神化の慶次《けいじ》は、豪快でありながら華麗な我流の舞《まい》を踊って、見る者を虜《とりこ》にする

No.2121 ★★★★★★

絢爛《けんらん》たる風流人士《ふうりゅうじんし》 前田慶次《まえだけいじ》

ストライクショット 似生流 花鳥風月演舞

VOICE

SS たった一度の人生、風流に行こうぜ!

逃 ――

倒 ――

天下一の傾奇者、前田慶次たぁ俺のことだ!

旗指物《はたさしもの》「大ふへん者《もの》」

慶次《けいじ》が掲げる旗指物に書かれた「大ふへん者《もの》」には、大武辺者《だいぶへんもの》(優れた武士)と大不便者《だいふべんもの》(不便《ふべん》に生きる者)のふたつの意味がある

No.2119 ★★★★★

前田慶次《まえだけいじ》

ストライクショット 大ふへん者

VOICE

SS 天下一の傾奇者、前田慶次たぁ俺のことだ!

逃 ――

倒 ――

小説や漫画の影響により、「傾奇《かぶき》者《もの》」として、広く知られている前田慶次《まえだけいじ》。前田利久《まえだとしひさ》の養子だったが、短気で喧嘩っ早い慶次《けいじ》は、前田家を離れて京都で自由気ままに生きていたという。しかしその後、前田家に戻ってのちに五大老《ごたいろう》まで出世する叔父の前田《まえだ》利家《としいえ》に付き従う。その当時、慶次は「茶をもてなしたい」と利家を自宅に招いた。「寒いので風呂を沸かしました」と利家を風呂場に案内すると、慶次の企《たく》みで湯船には冷水が張られていた。当然、利家は激怒。しかし時すでに遅し。慶次は利家の愛馬・松風《まつかぜ》を拝借して、前田家を去って放浪《ほうろう》の旅に出ていた。このとき京都を訪れて、公家《くげ》、文人、茶人と交流し、「傾奇者」として有名になったともいわれている。

織田信長《おだのぶなが》の死後、慶次は豊臣《とよとみ》家を支える。武術に秀《ひい》でていた慶次は、天下統一を目指す秀吉のために目覚ましい戦果を挙げたという。秀吉に気に入られ、自由に生きていいという「傾奇《かぶき》御《ご》免《めん》」の許可が与えられたと伝わる。

50歳を過ぎ、慶次は親友・直江兼続《なおえかねつぐ》のすすめで、上杉景勝《うえすぎかげかつ》を主君とする。その際、泥つきの大根を持ち、見た目は悪いが、味は良いと自分をアピールしたという。権力や立身出世にしばられない自由で豪快な人生を送った。

ほとりでは、水神《すいじん》が祀《まつ》られている。（写真提供：米沢市）

前田慶次・ゆかりの地

慶次清水《けいじしみず》

山形県米沢市《よねざわし》

慶次の屋敷「無苦庵《むくあん》」の飲料水として掘られた清水。現在も水が湧き続けており、農業用水として地域住民に重宝されている。周辺には慶次の供養塔《くようとう》である堂森善《どうもりぜん》光寺《こうじ》が建つ。

上杉《うえすぎ》家を支えた名将

直江兼続《なおえかねつぐ》

上杉謙信《けんしん》・景勝《かげかつ》の2代にわたって仕えた直江兼続は、智勇《ちゆう》を兼ね備えた名将として知られる。

名将にして名家老

直江兼続は、その才気と美貌で上杉謙信に愛され、謙信の養子・景勝の右腕として活躍した。また、関ヶ原《せきがはら》の戦いで豊臣《とよとみ》方につき家康《いえやす》に石高《こくだか》を減らされた米沢《よねざわ》藩上杉家を立て直した名家老でもあった。

上杉家に仕える一家臣でありながら豊臣秀吉《ひでよし》が一目置いていたほどの人物で、前田慶次《まえだけいじ》の上杉家への仕官を取り持ったのも兼続だったといわれている。

POINT 1 関ヶ原合戦の発端!?「直江状《なおえじょう》」

豊臣秀吉の死後、徳川《とくがわ》家康が上杉家に従うよう要請してきたときに、直江兼続は挑発するような内容の返答書「直江状」を送りつけたという。これに激怒した家康が上杉家を討つため出陣したことが、関ヶ原の戦いの発端となったとされる。ただし、「直江状」の実物は現存せず、後世の偽作ともいわれている。

『集古十種』（国立国会図書館蔵）より直江兼續（直江兼続）像。

謙信《けんしん》の大ファン

モンストの兼続《かねつぐ》は何でもすぐにカワイイ！　とほめるギャル。上杉《うえすぎ》謙信のファンで、上杉軍に参入

No.797 ★★★★★

古今無双《ここんむそう》の兵《へい》 直江兼続《なおえかねつぐ》

ストライクショット　ラブ・ミー・テンダー

VOICE

SS 愛の名の下、成敗します！　ストライクショット！

逃 ——

倒 ——

04 character

北条氏康《ほうじょううじやす》

関東の覇者は誰にも譲らぬぞ!

相模《さがみ》の獅子《しし》と虎《とら》

「相模の獅子」と恐れられた氏康《うじやす》は、モンストでは女性。進化は鋭い牙と爪を持つ手飼いの虎を従え、ともに戦う

関東を支配した武将。上杉《うえすぎ》謙信《けんしん》から城を守る強さ、武田《たけだ》・今川《いまがわ》家と甲相駿三国同盟《こうそうすんさんごくどうめい》を結ぶ外交力、領民に支持されるカリスマ性を併せ持っていた。

生 1515~1571

出 相模《さがみ》(現・神奈川県)

No.795 ★★★★★

相模《さがみ》の獅子《しし》 北条氏康《ほうじょううじやす》

ストライクショット オダワラタイガークロウ

VOICE

SS 関東の覇者は誰にも譲らぬぞ! ストライクショット!

逃 ——

倒 ——

05 character

今川義元《いまがわよしもと》

海道一の…弓取りシュート!!

蹴鞠《けまり》サッカー

和歌や白粉《おしろい》など公家《くげ》の文化に精通していたという義元《よしもと》。モンストでは蹴鞠サッカーという競技がお気に入りで、戦《いくさ》以上に夢中なのだとか

東海地方を支配した戦国大名。僧侶・太原雪斎《たいげんせっさい》から学問を学び、教養があった。「海《かい》道《どう》一の弓取り」ともいわれた義元には、武芸の素養もあった。

生 1519~1560

出 駿河《するが》(現・静岡県)

No.2131 ★★★★★

蹴鞠《けまり》ファンタジスタ 今川義元《いまがわよしもと》

ストライクショット 海道一の弓取りシュート

VOICE

SS 海道一の…弓取りシュート!!

逃 き、奇襲攻撃とは卑怯でおじゃる!

倒 桶狭間の試合の恨み、忘れないでおじゃるぅぅ…

16世紀半ば 武将勢力図

風雲急《ふううんきゅう》を告げる戦国時代中期、今もその名を轟《とどろ》かせる有力大名たちが顔をそろえる。

天下を狙う有力大名たち

上杉謙信《うえすぎけんしん》と武田信玄《たけだしんげん》による川中《かわなか》島《じま》の戦いが数度にわたり行われていた1560年前後。上杉謙信が関東への進出を開始、武田信玄も信濃《しなの》を手中に収めて領土を拡大し、天下統一を目指していた。

また、西国ではのちに信長《のぶなが》・秀《ひで》吉《よし》と天下を競い戦うことになる毛《もう》利《り》家が台頭。九州では大友《おおとも》家が優勢ながら、島津《しまづ》家も勢力を伸ばし始めていた。諸勢力は争いあい、風雲急を告げる。

1561年頃の勢力図

織田信長《おだのぶなが》による桶狭間《おけはざま》の戦いがあった1560年前後は、まだ群雄割《ぐんゆうかっ》拠《きょ》の状態で誰が天下統一を成し遂げるのかわからない情勢だった。

※1561年には政宗は誕生しておらず、当主は祖父・晴宗《はるむね》。

※1561年には氏康は隠居しており、当主は子の氏政《うじまさ》。

※1561年に今川家から独立。当主は松平元康《まつだいらもとやす》(のちの徳川家康)。

※1561年には義元は死去しており、当主は子の氏真《うじざね》。

モンストに未登場の

POINT 2 有力戦国武将たち

※「当主」は 1561 年当時

12 六角氏《ろっかくし》

近江《おうみ》が地盤の守護大名。当主は六角義賢《よしかた》。

13 北畠氏《きたばたけし》

当主は北畠具教《とものり》。のちに信長に謀殺《ぼうさつ》される。

14 畠山氏《はたけやまし》

紀伊《きい》・河内《かわち》の守護大名。当主は畠山高政《たかまさ》。

15 三好氏《みよしし》

当主は三好長慶《ながよし》。下剋上で大名となった。

16 宇喜多氏《うきたし》

のちに信長配下となる。当主は宇喜多直家《なおいえ》。

17 尼子氏《あまごし》

戦国前期に山陰《さんいん》を支配。当主は尼子義久《よしひさ》。

18 毛利氏《もうりし》

当主は毛利元就《もとなり》。山陰・山陽《さんよう》の覇者となる。

19 長宗我部氏《ちょうそかべし》

のちに四国を統一。当主は長宗我部元親《もとちか》。

20 大友氏《おおともし》

当主は大友宗麟《そうりん》。キリシタン大名となる。

21 龍造寺氏《りゅうぞうじし》

肥前《ひぜん》一国を平定。当主は龍造寺隆信《たかのぶ》。

22 伊東氏《いとうし》

当主は伊東義祐《よしすけ》。のちに島津氏に敗れ没落。

23 島津氏《しまづし》

のちに九州を制覇する。
当主は島津貴久《たかひさ》。

1 南部氏《なんぶし》

南北朝期より北奥羽《おうう》を支配。当主は南部晴政《はるまさ》。

2 安東氏《あんどうし》

戦国大名・秋田《あきた》氏の祖。当主は安東愛季《ちかすえ》。

3 葛西氏《かさいし》

当主は葛西晴信《はるのぶ》。秀吉の奥州《おうしゅう》仕置《しおき》（※Ｉ）で滅亡。

4 大崎氏《おおさきし》

元奥州探題《たんだい》（※２）の戦国大名。当主は大崎義直《よしなお》。

5 最上氏《もがみし》

元羽州《うしゅう》探題の戦国大名。当主は最上義守《よしもり》。

6 佐竹氏《さたけし》

当主は佐竹義昭《よしあき》。子の義重《よししげ》が常陸国《ひたちのくに》を統一。

7 里見氏《さとみし》

戦国期に南房総《ぼうそう》を支配。当主は里見義堯《よしたか》。

8 斎藤氏《さいとうし》

当主は斎藤義龍《よしたつ》。父は下剋上《げこくじょう》大名で知られる道三《どうさん》。

9 一向一揆《いっこういっき》

宗教勢力だが大名と争うほどの勢力を誇った。

10 朝倉氏《あさくらし》

当主は朝倉義景《よしかげ》。のちに信長に敗れ滅亡。

11 浅井氏《あざいし》

当主は浅井長政《ながまさ》。信長と同盟するも滅亡。

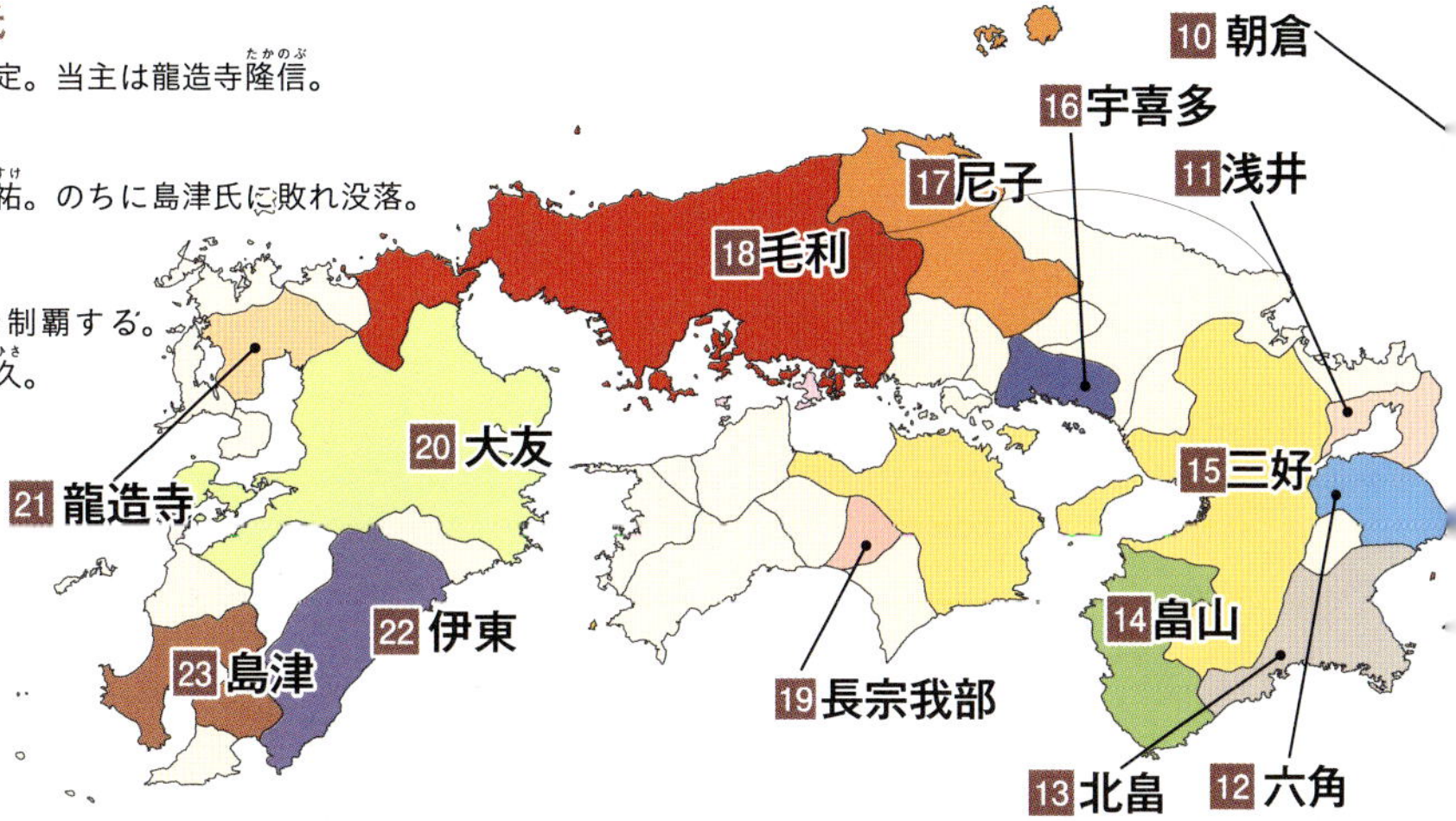

※Ｉ奥州仕置…1590 年、豊臣秀吉が東北地方の大名に対して行った領土の再配置。
※２探題………鎌倉・室町幕府が地方の要地の管轄・統制のために置いた職。ほかに九州探題などがある。

※本ページ掲載の戦国大名は代表的なもので、同時代に活躍したすべての大名を紹介するものではありません。

character 06

織《お》田《だ》信《のぶ》長《なが》

生 1534～1582
出 尾張《おわり》（現・愛知県）
幼 吉法師《きっぽうし》
別 織田三郎信長《おださぶろうのぶなが》

天下統一を目指した戦国時代の鬼才

我が下に集え
天下布武！

本能寺《ほんのうじ》の変から甦《よみがえ》った

史実では、老若男女を殺《あや》めた冷血な信長《のぶなが》。神化は本能寺《ほんのうじ》の業火《ごうか》から甦り、殺した人間の骸《むくろ》の上に立つ

溶岩酒《ようがんしゅ》を堪能

モンストで信長は女性武将。神化では、自分を裏切った人間が業火《ごうか》で焼死していく様を肴《さかな》に、溶岩酒を楽しむ

No.1385 ★★★★★★
再臨天魔王《さいりんてんまおう》 ノブナガ

ストライクショット 真・天下布武

VOICE
SS 我が下に集え！　天下布武！
逃 ――
倒 ――

ストライクショット…
聞こえなかった？

鷹を連れる女性武将

史実の信長は鷹狩《たかがり》を好んでいたといい、よく鷹を献上されていた。モンストでは戦場に鷹を従え、遺憾なく武勇を発揮する

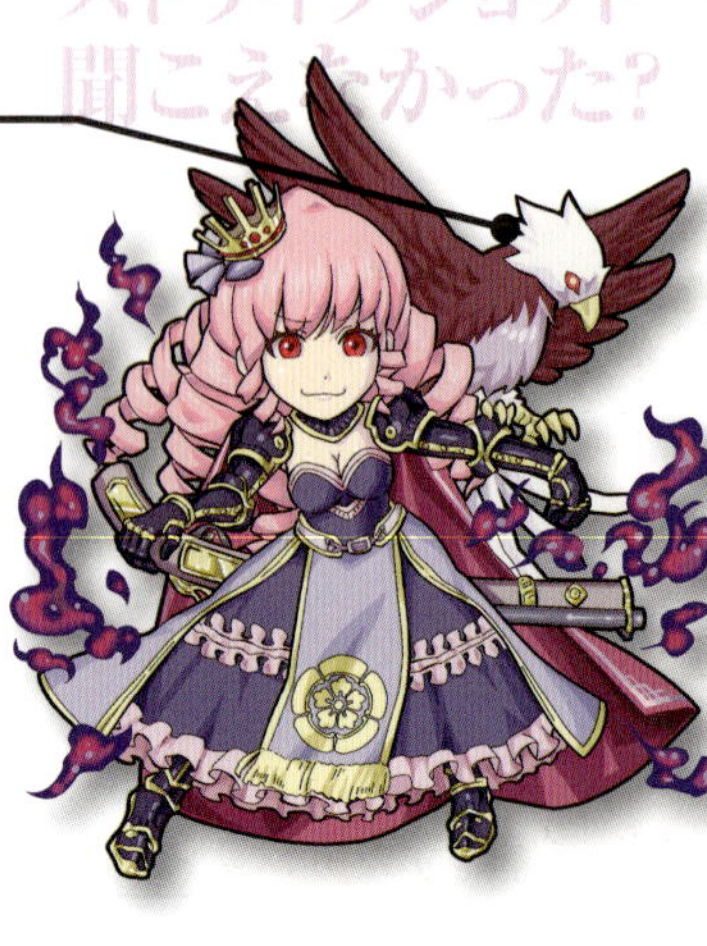

No.311 ★★★★★
織田信長《おだのぶなが》

ストライクショット 三段撃ち

VOICE
SS ストライクショット…聞こえなかった？
逃 ――
倒 ――

のちに豊臣秀吉《とよとみひでよし》や徳川家康《とくがわいえやす》が天下をとるが、その道を切り開いたのは、織田信長《おだのぶなが》だった。10代の頃の信長は、着物の片袖を脱ぎ、柿や瓜《うり》をかじりながら町をぶらついていた。そんな信長は「尾張の大うつけ」と馬鹿にされたという。当時、キリスト教の宣教師として来日していたルイス・フロイスは信長とも会見し、信長についてこう記している。──外見は中くらいの背丈でやせ型。ヒゲは少なく、声は高い。几帳面で潔癖症。プライドが高く、家臣の意見には従わなかったが、身分の低い者とも親しく話をし、ときには人情味や慈愛《じあい》も見せた。

フロイスはまた、信長が神仏への祈りや信仰といったものを「軽蔑《けいべつ》していた」と書いている。実際に、武田信玄《たけだしんげん》への手紙で信長は自らを仏敵《ぶってき》「第六天《だいろくてん》魔王《まおう》」と名乗り挑発。また、比叡山《ひえいざん》をはじめとした寺社《じしゃ》の焼き討ちや、安土《あづち》城《じょう》の石垣建設に地蔵や墓石を使用したことからも、神仏を軽んじていたとわかる。一方で、フロイスに布教活動を許可したのは、外国文化や貿易への興味関心からのことだろう。

このような逸話から信長は、きわめて現実的な人物だったとわかる。それは鉄砲の大量導入や「楽市楽座《らくいちらくざ》」などの軍事や政策にも表れている。

桜も有名で春には観光客が集まる。

織田信長・ゆかりの地

安土城跡《あづちじょうあと》

滋賀県近江八幡《おうみはちまん》市

信長によって安土山《あづちやま》に建造されたこの城は、初めて大型の天守閣を持ち、外面は赤、青、金色に彩られるなど、独創的なデザインで人々を驚かせたという。本能寺の変の後、天守閣は焼失した。

織《お》田《だ》信《のぶ》長《なが》の天下統一宣言

骨肉の後継者《こうけいしゃ》争いに勝利した織田信長《おだのぶなが》は、その領土を拡大していく。そして「天下布武《てんかふぶ》」を宣言し、天下人《てんかびと》への道を着々と歩んでいく。

START

EPISODE 1

少年時代には「尾張《おわり》の大**うつけ**（①）」と呼ばれていた織田信長は、弟との後継争いに勝利して父・信秀《のぶひで》の跡を継ぎ、尾張国《おわりのくに》を統一した。しかし信長が20代半ばのとき、隣国の有力大名・今川義元《いまがわよしもと》の軍勢が天下統一を目指して京に上るため、尾張に侵入してきた。

EPISODE 2

当時の織田家はまだ小勢力だったため、突然の今川軍の侵入に家臣たちはあわてふためいたが、信長は城を飛び出して戦場に向かった。そして信長は桶狭間《おけはざま》において、約2千の兵力で2万余りともいわれる今川軍に奇襲をしかけ、大将・今川義元の首を討ち取った。

エピソード編成

勢力を急速に拡大する織田信長だが、家臣・明智光秀《あけちみつひで》の裏切りで天下統一の夢には届かなかった。

メイン

織田信長
▶ p032

サブ1

今川義元
▶ p029

サブ2

明智光秀
▶ p038

EPISODE 3

さらに信長は隣国の斎藤《さいとう》氏を倒して美濃《みの》（現在の岐阜県）を手に入れると、「天下布武」と刻んだ印を使い始めて天下統一を宣言した。また、信長を頼ってきた**足利義昭**《あしかがよしあき》**（②）**を第15代将軍に仕立て上げると、兵を引き連れて京に入り、天下統一の第一歩を記した。

EPISODE 4

しかし義昭は、将軍の自分を差し置いて政治を行う信長に反発し、朝倉《あさくら》氏、浅井《あざい》氏といった大名や、**比叡山延暦寺**《ひえいざんえんりゃくじ》**、石山本願寺**《いしやまほんがんじ》**（③）**など強大な軍事力を持つ宗教勢力と手を結び、信長の天下統一を阻《はば》もうとした。信長はこれらの勢力を退け、義昭を追放した。

EPISODE 5

さらに信長は、武田《たけだ》騎馬隊を長篠《ながしの》の戦いで撃破し、琵琶湖《びわこ》のほとりに巨大な安土城《あづちじょう》を建設した。そして信長は天下統一へ向け、毛利《もうり》氏を討つために中国地方へと出陣した。しかし京都の本能寺《ほんのうじ》宿泊中に明智光秀《あけちみつひで》の謀反《むほん》にあい、天下統一を目前にして自らの命を絶った。

GOAL

KEY WORD

①うつけ

「うつけ」とは、「からっぽ」「ばか」などの意味。少年時代の信長は、入浴用の着物を片肌脱ぎにして、柿や瓜《うり》をかじりながら城下を歩き回っていたという。

②足利義昭

室町幕府15代将軍。兄の13代将軍・義輝《よしてる》が松永久秀《まつながひさひで》に殺されたため、信長の協力を得て幕府を再興《さいこう》。のちに京都を追われ、幕府滅亡後は諸国を流浪《るろう》した。

③比叡山延暦寺、石山本願寺

延暦寺は平安《へいあん》時代の僧・最澄《さいちょう》が開いた寺。当時、約4千人の僧《そう》兵《へい》を有した。石山本願寺はのちの大坂城《おおさかじょう》を拠点とした一向宗《いっこうしゅう》の本山《ほんざん》で、莫大《ばくだい》な財力を有した。

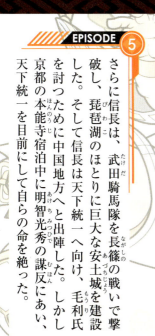

戦国一のカリスマ・信長《のぶなが》の真実の姿を探る

天才戦術家・織田信長《おだのぶなが》の実像

織田信長は10代後半の頃、栗や柿を立ち食いするなどだらしない行動から「うつけ者」と陰口を叩かれていた。しかし同時に、乗馬・水泳・弓・鉄砲の稽古を熱心に行ったり、臣下《しんか》たちとの模擬《もぎ》合戦で長い槍が有利であると気づいて槍の長さを調整させたり、若い頃から戦術家としてはすでに才能の片鱗《へんりん》を見せていた。

桶狭間《おけはざま》（①）の戦いの頃、信長は20代半ば。**海道一《かいどういち》の弓取り（②）**と呼ばれた今川義元《いまがわよしもと》の、2万余りといわれる軍勢が攻めてきたが、信長の下には約5千の兵しかいなかった。信長は進軍中の義元軍が細く長い行列になる地点「桶狭間」を予測して奇襲を行い、義元を討ち取った。敵軍のスキを見抜く観察力と、失敗すれば囲まれて絶体絶命となる戦術を実行する勇気は、信長が若くしてすぐれた戦術家であったことを示している。

ただ信長は部下の能力や意見を軽く見ていたようだ。桶狭間の戦いの前

KEY WORD

①桶狭間《おけはざま》
義元軍は大軍だったが、桶狭間周辺は道が狭く、義元が奇襲されても守るための兵士がうまく移動できなかった。

②海道一《かいどういち》の弓取り
義元の異名で、東海道《とうかいどう》最強の大名という意味。桶狭間で信長が勝利し、義元《よしもと》と同盟中の武田信《たけだしん》玄《げん》ら各地の大名が動揺した。

③ルイス・フロイス
ポルトガルから日本に来た宣教師。所属するキリスト教組織・イエズス会への報告書として多くの戦国大名の記述を残した。

夜、信長は重臣たちを集めたが、世間話だけで解散してしまった。また信長と会見した宣教師《せんきょうし》ルイス・フロイス（③）は、信長を「傲慢《ごうまん》で部下の進言に従うことはめったになく、独断専行」と評している。

幕末時代に歌川芳艶《うたがわよしつや》が錦絵《にしきえ》として描いた太閤記《たいこうき》。まだ徳川《とくがわ》の世で秀吉《ひでよし》の時代をそのまま描くのは差しさわりがあったため、人名などは変えられている。

『瓢軍談五十四場』（国立国会図書館蔵）より「桶狭間合戦に稲川氏元討死」（右）、「本能寺の戦にお直の局美勇をあらハす」（左）。

息子の命名（幼名）が適当だった信長

織田信長

幼名

奇妙丸《きみょうまる》……長男・信忠《のぶただ》
茶筅丸《ちゃせんまる》……次男・信雄《のぶかつ》
三七《さんしち》……三男・信孝《のぶたか》
於次丸《おつぎまる》……四男・秀勝《ひでかつ》
坊丸《ぼうまる》……五男・勝長《かつなが》
大洞《おおぼら》……六男・信秀《のぶひで》
小洞《こほら》……七男・信高《のぶたか》
酌《しゃく》……八男・信吉《のぶよし》
人《ひと》……九男・信貞《のぶさだ》
良好《りょうこう》……十男・信好《のぶよし》
縁《えん》（縁《えん》）……十一男・長次《ながつぐ》

織田信長には数多くの側室《そくしつ》がいて、子どもは男児だけでも 10 人以上いたという。そのいずれもが、生まれてすぐに適当としか思えない幼名をつけられていた。信長は神仏を恐れず延《えん》暦寺《りゃくじ》を焼き討ちした人物だけに、名前が持つ意味などにもこだわりがなかったようだ。

character

07 明智光秀《あけちみつひで》

生 1528(?)~1582
出 美濃《みの》(現・岐阜県)
幼 彦太郎《ひこたろう》
別 十兵衛《じゅうべえ》、惟任日向守《これとうひゅうがのかみ》

文武《ぶんぶ》に秀でた主君《しゅくん》殺し

天下の万事、我が掌の上で踊れ…

南光坊天海《なんこうぼうてんかい》となる

神化の光秀《みつひで》は、本能寺《ほんのうじ》の変《へん》を起こしたのちの姿。僧侶の衣装・法衣《ほうえ》を身にまとい南光坊天海として生き延びる

怨霊《おんりょう》の祟《たた》り

神化した光秀《みつひで》の周囲には、謀略で死んだ人間の怨霊が漂う。怨霊は、光秀の周りの弱った人間を祟りで殺す

No.2136 ★★★★★★
天海大僧正《てんかいだいそうじょう》 ミツヒデ

ストライクショット 黒衣ノ宰相

VOICE

SS 天下の万事、我が掌の上で踊れ…
逃 ──
倒 ──

信長様の破滅、楽しみだわぁ♡

愛用の銃

銃の名手として名高かった光秀《みつひで》。モンストの光秀は女性でありながら、信長《のぶなが》を銃で撃ち抜く日を夢見て、手入れに余念がない

No.2134 ★★★★★
明智光秀《あけちみつひで》

ストライクショット 冴える才知と巡る策謀

VOICE

SS 信長様の破滅、楽しみだわぁ♡
逃 ──
倒 ──

主《しゅ》君《くん》・織田信長《おだのぶなが》が100人と少数で滞在していた本能寺《ほんのうじ》に、明智光秀《あけちみつひで》は1万3千の大軍で襲いかかった。当然、勝負にならず信長は寺に火を放ち、自ら命を絶った。

その後、光秀は諸国の有力者を味方につけるため、全国各地の武将に自分への支援を呼びかけた。しかし光秀は読み違えていた。期待も虚《むな》しく、有力者は光秀の味方にはならなかった。本能寺の変から10日余り、光秀は豊臣秀吉《とよとみひでよし》が率いる4万の軍勢に攻撃され、あえなく敗走。落ち武者狩りをしていた農民に竹槍で刺され致命傷を負い、自害したという。

後年、裏切り者、卑怯者といったイメージを持たれることの多かった光秀だが、それは晩年の一面に過ぎない。

そもそも光秀は鉄砲の名人で、放浪生活をしていた若い頃、射撃技術を買われて越前国《えちぜんのくに》（現・福井県）の朝倉《あさくら》義景《よしかげ》に召し抱えられた。信長に仕えてからは城の建築にも手腕を発揮した。

一方、光秀は生き延びて「大僧正《だいそうじょう》・天海《てんかい》」となったという説がある。別名・南光坊《なんこうぼう》といい、徳川家康《とくがわいえやす》の側近として天下統一を支え、100歳以上まで生きた長寿の僧侶である。家康が祀《まつ》られた日光《にっこう》の「明智平《あけちだいら》」という地名は、天海こと光秀が命名したといわれる。

現在残っている石垣の写真。

明智光秀・ゆかりの地

亀山城《かめやまじょう》

京都府亀岡《かめおか》市

明智光秀が丹波《たんば》攻略の拠点を築いた場所で、豊臣秀吉《とよとみひでよし》も重要視した。小早川秀秋《こばやかわひであき》や前田玄以《まえだげんい》などが入城したという。創建当初は、光秀によって三重《さんじゅう》の天守《てんしゅ》が構えられたと伝わる。

character

08

豊臣秀吉《とよとみひでよし》

生 1537～1598

出 尾張《おわり》（現・愛知県）

幼 日吉丸《ひよしまる》

別 木下藤吉郎《きのしたとうきちろう》、羽柴秀吉《はしばひでよし》、藤原秀吉《ふじわらのひでよし》

農家生まれの天下人《てんかびと》
「戦国一の出世頭《しゅっせがしら》」

豊臣の敵は
この豊国大明神が
天罰を下すがや！

神となって鎮座《ちんざ》

史実の秀吉《ひでよし》は死後、豊国大明神《とよくにだいみょうじん》として日本各地で祀《まつ》られた。神化した秀吉は、大明神《だいみょうじん》の台座に座る

刀狩りで刀を収集

武士以外の身分の帯刀《たいとう》を許さず、刀を没収した史実の秀吉《ひでよし》。モンストでは奪った刀で、豊臣《とよとみ》家に邪魔な者に天罰を与える

No.2124 ★★★★★★

豊国大明神《とよくにだいみょうじん》 豊臣秀吉《とよとみひでよし》

ストライクショット ソードハント・ダムネーション

VOICE

SS 豊臣の敵はこの豊国大明神が天罰を下すがや！

逃 ――

倒 ――

手柄立てて、どえりゃあ
出世してやるでよお!

駆け出しの足軽《あしがる》

信長《のぶなが》軍に足軽として加わった時期の秀吉《ひでよし》。鉄製の陣笠《じんがさ》など、下級兵士の装備を身に着け、前線で敵軍とぶつかり合う

No.2122 ★★★★★

木下藤吉郎秀吉《きのしたとうきちろうひでよし》

ストライクショット 戦国一の出世頭

VOICE

SS 手柄立てて、どえりゃぁ出世してやるでよぉ！

逃 ――

倒 ――

農家の家に生まれ、晩年には、天皇の代わりに政治を行う「関白《かんぱく》」まで登りつめた豊臣秀吉《とよとみひでよし》。死後は「豊国大明神《とよくにだいみょうじん》」として、各地の豊国《とよくに》神社に祀《まつ》られる神様となり、いわば「日本一の出世」を果たした。

戦国時代に、初めて「天下統一」を成し遂げたのは秀吉である。あるとき、大事に飼っていた鶴が逃げてしまい、それを知ると秀吉は、「日本中が自分の庭だ。庭の中にいればいい」と豪語した。秀吉にとって「天下」とは日本国内にとどまらなかった。明国《みんこく》（当時の中国）を征服する足がかりに、朝鮮へも出兵したのである。

そもそも体が小さく、武芸の心得もなかった秀吉は、織田信長《おだのぶなが》の雑用係や、台所奉行《だいどころぶぎょう》、普請《ふしん》（建築）奉行などを務め、信長と周囲の重臣に気に入られることで、出世のきっかけをつかんだ。

その後、様々な合戦で結果を残すが、寝返り工作や兵糧《ひょうろう》攻めなど、戦闘以外の策を使って成功を勝ち取った。

信長の死後、ライバルとなった徳川《とくがわ》家康《いえやす》に、秀吉は実母を人質として差し出した。さすがの家康も秀吉の覚悟には観念し、豊臣政権を支える「五大《ごたい》老《ろう》」のひとりとなった。別名「人たらし」と呼ばれた秀吉の天下統一はこうして果たされたのだ。

「大阪城跡」として国の特別史跡に指定されている。

豊臣秀吉・ゆかりの地

大阪城

大阪府大阪市

秀吉の築城以前、ここには石山本願寺《いしやまほんがんじ》があった。仏教団と武家の対立が深まり、堀や塀で守りを固くした寺は、その当時からすでに「大坂城」とも呼ばれていた。別称として、錦城《きんじょう》ともいわれる。

豊臣秀吉《とよとみひでよし》の天下取り

信長《のぶなが》の死後、その権力を手中にしたのは羽柴《はしば》秀吉だった。かつて「猿」と呼ばれた男は、その知略《ちりゃく》をもちいて天下人《てんかびと》へと成り上がる。

START

EPISODE 1

高松城《たかまつじょう》を攻めていた羽柴秀吉は、織田《おだ》信長が死んだとの報《しら》せを受けて敵軍と和睦《わぼく》した。そして全軍を率《ひき》いて京都に向かった秀吉は、山崎《やまざき》の合戦《かっせん》で明智光秀《あけちみつひで》の軍勢を撃破《げきは》。翌年には賤ヶ岳《しずがたけ》の合戦で信長の重臣《じゅうしん》だった柴田勝家《しばたかついえ》を滅ぼし、信長の後継者《こうけいしゃ》となった。

EPISODE 2

その後、秀吉は小牧《こまき》・長久手《ながくて》の戦いで信長の次男・織田信雄《のぶかつ》と徳川家康《とくがわいえやす》の連合軍と戦ったのち、四国、九州を平定。小田原《おだわら》攻めで北条《ほうじょう》氏を降伏させ、東北の大名たちも秀吉に従った。武家としてはじめて**関白**《かんぱく》（①）となり、朝廷から豊臣の姓を与えられた。

エピソード編成

明智光秀を撃破した秀吉は、信長の後継者となって天下人となる。そして海を渡り、朝鮮に乗り込んだ。

メイン

豊臣秀吉

▶ p040

サブ1

明智光秀

▶ p038

サブ2

柴田勝家

▶ p045

サブ3

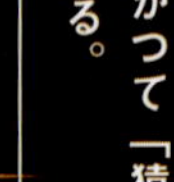

徳川家康

▶ p060

EPISODE 3

天下人となった秀吉は、小牧・長久手の戦いで講和《こうわ》した信雄の領土を取り上げ、徳川家康を東海から関東に移した。

また、**太閤検地**《たいこうけんち》（②）を行い領土の支配を強め、**刀狩り**（③）を行って武士や農民、商人などの身分を明確にしていった。

EPISODE 4

次いで秀吉は明《みん》（中国）を自らの領土とすることをもくろみ、その足掛かりとしておよそ16万人の大軍を朝鮮《ちょうせん》に送り込んだ。最初の文禄《ぶんろく》の役《えき》では、日本軍は朝鮮半島の大半を制圧して明の国境まで進出した。しかし、明の援軍や民衆蜂起《ほうき》などにより停戦となった。

EPISODE 5

ところが停戦後の講和交渉は決裂。秀吉はふたたび約14万人の兵を朝鮮に送り込んだ。しかし、この慶長《けいちょう》の役《えき》でも日本軍は明軍の反撃や民衆の抵抗に苦しめられ、さらに日本では秀吉が病没。日本軍は朝鮮から撤退した。このふたつの戦役を「朝鮮出兵《しゅっぺい》」という。

GOAL

KEY WORD

①関白

天皇を補佐して政務《せいむ》を司《つかさど》る重要な役職。幼い天皇を補佐する場合は「摂政《せっしょう》」と呼ぶ。なお、秀吉が称した「太閤《たいこう》」は、関白の職を譲った前関白の称号。

②太閤検地

秀吉が1582年に開始した全国的な検地。秀吉が征服した領地で、京枡《きょうます》という共通の基準を用いて田畑の面積や収穫高《しゅうかくだか》を調査した。「天正《てんしょう》の石《こく》直し」とも。

③刀狩り

1588年に秀吉が兵農《へいのう》分離のために行った政策で、全国の百姓から刀などの武器を没収《ぼっしゅう》した。一揆《いっき》の発生を防ぐとともに、身分を固定化する目的があった。

秀吉《ひでよし》の天下統一へいたる戦略

信長《のぶなが》亡《な》きあとの天下の行方《ゆくえ》

本《ほん》能寺《のうじ》の変が起きた1582年、豊臣秀吉《とよとみひでよし》は信長《のぶなが》配下の中国地方方面軍の指揮官であった。その秀吉が小田原《おだわら》の北条《ほうじょう》氏を滅亡させて天下統一を果たしたのが1590年。この短期間で秀吉が天下統一を果たした背景には、秀吉の交渉と戦闘を組み合わせた巧みな戦略があった。

この2つの組み合わせは、明智光秀《あけちみつひで》を倒した**山崎《やまざき》の戦い**（①）で既に表れている。本能寺の変は6月2日未明に発生。秀吉は当時本能寺から約200㎞離れた備中高松《びっちゅうたかまつ》で毛利《もうり》軍とにらみ合っていた。信長の死を知った秀吉はすぐ毛利軍と停戦交渉をまとめ京都へ急行、13日には光秀軍を打ち破っている。停戦交渉のおかげで、秀吉は対毛利軍のために信長から預かった約4万もの大軍を温存して光秀にぶつけ勝利を得たのだ。

また秀吉は徳川家康《とくがわいえやす》・**織田信雄《おだのぶかつ》**（②）連合軍と激突した**小牧《こまき》・長久手《ながくて》の戦い**（③）でも交渉と戦闘を併用。秀吉は家康との戦いを引き伸ばして

KEY WORD

①山崎《やまざき》の戦い
山城国《やましろのくに》山崎で秀吉が光秀を打ち破り、信長の敵《かたき》を討った戦い。この勝利は秀吉が織田家中で主導権を握る契機となった。

②織田信雄
信長の次男。信雄は当時の織田家当主・三法師《さんぼうし》（信長の長男の子）を後見したが、同じ後見役の秀吉と対立して家康と同盟。

③小牧・長久手の戦い
家康は尾張国《おわりのくに》の小牧で秀吉軍を破るなど、直接の戦闘は優位に進めていたが、動員できる人員は秀吉に分《ぶ》があった。

足元を固め、交渉で信雄との和睦《わぼく》に成功した。こうなると単独では勝てない家康も秀吉と停戦することとなった。こうした秀吉の戦略で、秀吉の敵対者はまともな連合を組めず各個撃破・屈服させられたのである。

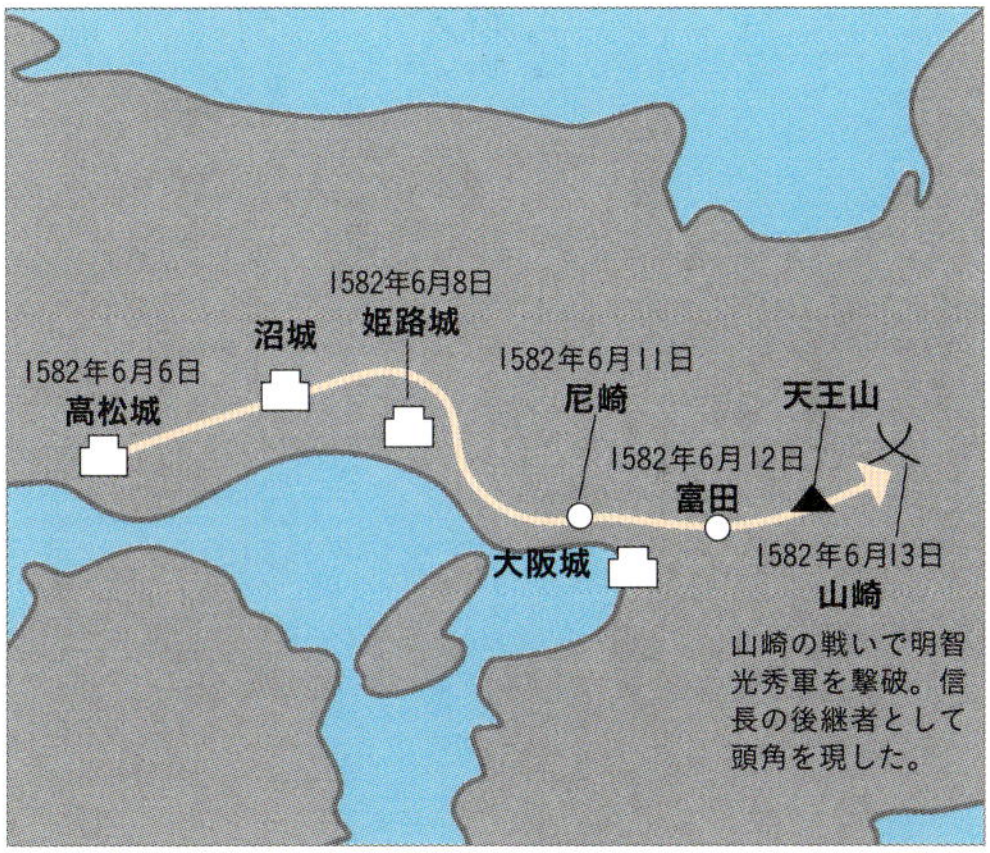

6月2日の本能寺の変からおよそ2日後、信長の死を知った秀吉はすぐに毛利氏との講和を取りまとめ、約200kmの道のりを軍勢を引き連れて10日ほどで引き返した。

信長麾下《きか》第一の猛将

柴田勝家《しばたかついえ》

信長第一の将として幾度も戦功をあげ、浅井《あざい》家滅亡後、浅井長政《ながまさ》の妻で信長の妹・お市《いち》と再婚。本能寺の変ののち秀吉に敗れ自刃《じじん》。なお、秀吉は羽柴という姓の「柴」を勝家の姓からとった。

No.2133 ★★★★★
無骨《ぶこつ》の猛将《もうしょう》 柴田勝家《しばたかついえ》

ストライクショット アタッキング鬼柴田

VOICE

SS ウホッ！儂らが悲願

逃 ブホッ！猪口才な！押し返すぞぉぉ！！

倒 グホッ…儚い夢だったわい…

ゴリラ

無骨一辺倒の猛将として知られ、モンストではゴリラの群れ「柴田」家のリーダーとされる

character

09 茶々《ちゃちゃ》

織田《おだ》家の血を引く 秀吉《ひでよし》の妻

生 1569(?)～1615

出 近江《おうみ》(現・滋賀県)

幼 ―

別 淀殿《よどどの》、浅井茶々《あざいちゃちゃ》、浅井菊子《あざいきくこ》

日の本の兵どもよ、異国に攻め入ろうぞ！

金の軍配《ぐんばい》で命令

秀吉《ひでよし》の好んだ「金」の軍配は豊臣《とよとみ》家の権力の象徴。神化の茶々《ちゃちゃ》はその軍配を手に、海外進出を目論《もくろ》む

茶々の裏の顔

史実で秀吉は晩年、数々の奇行に走った。モンストの茶々は陰で糸を引き、秀吉を狂わせた犯人で、豊臣家の実権を握る

No.2127 ★★★★★★

淀《よど》の方《かた》 茶々《ちゃちゃ》

ストライクショット 淀之軍配

VOICE

SS 日の本の兵どもよ、異国に攻め入ろうぞ！

逃 ――

倒 ――

猿め、必ず仇をとってやるのぢゃ…！

復讐《ふくしゅう》のかんざし

白無垢《しろむく》で秀吉に嫁入りする茶々《ちゃちゃ》。兄を処刑した秀吉を刺し殺そうと、母・お市《いち》の形見のかんざしを後ろ手に握っている

No.2125 ★★★★★

茶々《ちゃちゃ》

ストライクショット 数奇なる運命

VOICE

SS 猿め、必ず仇をとってやるのぢゃ…！

逃 ――

倒 ――

近《おう》江国《みのくに》（現・滋賀県）の戦国大名・浅井長政《あざいながまさ》と織田信長《おだのぶなが》の妹・お市《いち》が結婚し、この夫婦の間に長女として生まれたのが茶々《ちゃちゃ》である。しかし長政は信長と敵対するようになり、戦がはじまると幼い茶々は母、妹らと城を出て織田家に保護された。この戦で茶々は父の長政と祖父・兄を失った。このとき、茶々の兄は信長の命を受けた豊臣秀吉《とよとみひでよし》によって処刑された。

信長の死後、母のお市は柴田勝家《しばたかついえ》と再婚したが、勝家は秀吉と対立して敗北。勝家とお市は自害し、茶々ら三姉妹は秀吉の保護下に入った。

5年後、茶々は父母や兄の仇《かたき》ともいえる秀吉の側室《そくしつ》となる。しかし、その心中はおだやかではなかったはずだ。

当時、秀吉はなかなか子宝に恵まれず悩んでいたが、茶々との間に子ができて大喜びし、茶々に「淀城《よどじょう》」をプレゼントした。茶々が「淀殿《よどどの》」とも呼ばれた由来である。第一子は幼くして亡くなるが、ほどなくして茶々は秀吉の後継者となる秀頼《ひでより》を出産。そして秀吉の死後、秀頼の後見人として絶大な権力を握った。しかし、やがて茶々は幕府設立を目指す徳川家康《とくがわいえやす》と対立するようになり、大坂の陣が起こる。激しい気性《きしょう》の茶々は自ら武装し戦いに挑んだが敗北し、秀頼とともに自害した。

小谷城跡の石碑。

茶々・ゆかりの地

小谷城跡《おだにじょうあと》

滋賀県長浜《ながはま》市

茶々の実父・浅井長政が居城とした城で、浅井家滅亡の舞台ともなった。堅固な名城だったといわれる。現在は土塁《どるい》、曲《くる》輪《わ》、石垣《いしがき》などが遺構として残り、国の史跡に指定されている。

豊臣秀吉《とよとみひでよし》と浅井《あざい》三姉妹

織田《おだ》家の血を引きながら、豊臣家・徳川《とくがわ》家とも深いつながりを持つ、浅井三姉妹とは？

戦乱の世を生きた三姉妹

近江《おうみ》小谷《おだに》城主・浅井長政《ながまさ》と織田信長《のぶなが》の妹・お市《いち》の方との間に生まれた茶々《ちゃちゃ》、初《はつ》、江《ごう》の浅井三姉妹。

1573年、長政は信長家臣の豊臣秀吉らに攻められ自刃《じじん》。三姉妹の母・お市も、本能寺《ほんのうじ》の変ののち柴田勝家《しばたかついえ》に嫁ぎ、秀吉との後継者争いに敗れた勝家とともに自刃した。その後、三姉妹は秀吉に預けられ、江は尾張大野《おわりおおの》城主・佐治《さじ》一成《かずなり》に、初は秀吉の側室であった

POINT 1 秀吉をめぐる女たち

『豊臣秀吉像』（東京大学史料編纂所蔵模写）

豊臣秀吉は、当時から女好きで知られていたという。1561年、おね（北政所《きたのまんどころ》）と結婚した秀吉は、信長のもとでめきめきと力をつけていった。しかし長浜《ながはま》城主になったころから女あさりをはじめ、南殿《みなみどの》や松の丸殿、茶々などを次々と側室に迎え入れ、一説には16人もの側室がいたとされる。天下を取ってからは諸大名に妻子の在京を命じ、夫人には大坂城へ挨拶に来るよううながした。そこで秀吉は、大名夫人たちの体を求めたともいわれる。

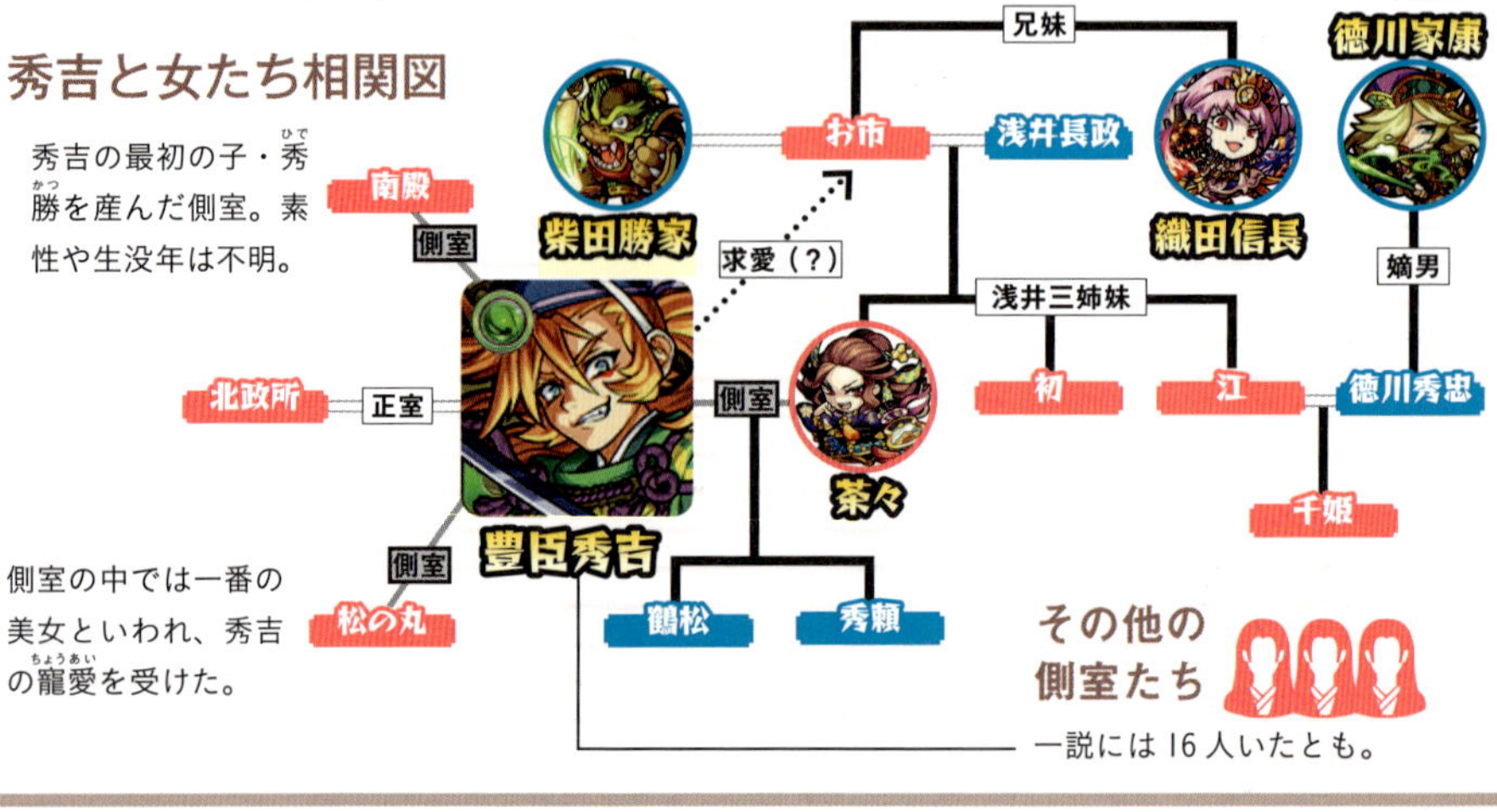

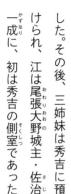

松《まつ》の丸《まる》殿の兄・京極高次《きょうごくたかつぐ》に嫁ぎ、茶々は秀吉の側室となった。

敵同士となった茶々と江

秀吉の死後に勃発した関ヶ原《せきがはら》の戦いでは、再々婚で徳川秀忠《ひでただ》に嫁いだ江と、秀吉の跡継ぎ・秀頼《ひでより》を産んだ茶々は、東軍と西軍で敵同士となった。その後、江の子・千《せん》姫《ひめ》と茶々の子・秀頼の縁談がまとまるが、今度は大坂の陣が起こる。このとき次女の初は和平交渉に尽力したが、徳川家が豊臣家を攻め、茶々は秀頼とともに自刃した。

　こうして徳川家による江戸幕府が開かれ、天下を狙う男たちに運命をもて遊ばれた三姉妹が望んだ、戦《いくさ》のない世が訪れたのである。

POINT 2 浅井三姉妹の次女と三女

次女 初《はつ》

母・お市の死後、秀吉のはからいで京極高次に嫁いだ。大坂の陣では、妹の江と姉の茶々（淀殿《よどどの》）が敵同士となり、2人の姉妹という立場から、豊臣方の代表として豊臣・徳川の和平交渉に奔走《ほんそう》した。晩年は小浜《おばま》の常高寺《じょうこうじ》で過ごし、1633年に没した。

『京極高次夫人像』（常高寺蔵／写真提供：福井県立若狭歴史博物館）

三女 江《ごう》

秀吉の政略結婚に利用され、2度の結婚を経て、のちの2代将軍徳川秀忠に嫁ぐ。二男五女を産み、長男は3代将軍家光《いえみつ》となり、末娘の和子《まさこ》は後水尾《ごみずのお》天皇に嫁ぎ次期天皇を産む。こうして織田・浅井の血を将軍家・天皇家に残し、1626年に没した。

『崇源院像』（養源院蔵）

POINT 3 秀吉をそでにした女たち

お市《いち》の方

戦国一の美女として有名。夫の仇《かたき》である秀吉を恨み、兄・信長の死後、側室となるよう求められたがきっぱりと断ったという。

細川《ほそかわ》ガラシャ

明智光秀《あけちみつひで》の次女で本名は玉《たま》。秀吉が諸大名の夫人を大坂城へ呼んだ際、懐刀《ふところがたな》をわざと落とし、自害をいとわない覚悟を見せたといわれる。

冬姫《ふゆひめ》

信長の娘でお市似の美人。30代半ばで未亡人となり、秀吉から側室にのぞまれ上洛《じょうらく》したが、すでに出家して尼になっていたという。

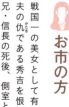

character 10

石田《いしだ》三成《みつなり》

生 1560~1600

出 近江《おうみ》（現・滋賀県）

この程度か？

No.310 ★★★★★

聡慧《そうけい》なる智将《ちしょう》 石田《いしだ》三成《みつなり》

ストライクショット 若き智の目覚め

VOICE

SS この程度か？　ストライクショット！

逃 ——

倒 ——

扇《おうぎ》の文字

三成《みつなり》が掲げた「大一大万《だいいちだいまん》大吉《だいきち》」には「一人が万人のため、万人が一人のために尽くせば天下が大吉になる」の意味がある

武器や食糧などを用意し、巧みに戦地に輸送したので秀吉から認められた。西軍を率いて天下を狙う家康と対峙するなど、行動力もあった。

character 11

黒田《くろだ》官兵衛《かんべえ》

生 1546~1604

出 播磨《はりま》（現・兵庫県）

この一撃！

No.308 ★★★★★

百万石軍師《ひゃくまんごくぐんし》 黒田《くろだ》官兵衛《かんべえ》

ストライクショット 我が君主は天にあり！

VOICE

SS この一撃！　ストライクショット！

逃 ——

倒 ——

赤い兜

官兵衛《かんべえ》は合子《ごうし》（ふたつきのお椀）をひっくり返した形の兜で有名。史実では赤い甲冑《かっちゅう》を身にまとい、「赤合子《あかごうし》」と呼ばれていた

信《のぶ》長《なが》が倒れた直後、官兵衛《かんべえ》は秀吉《ひでよし》に仇討《かたき》ちを助言。秀吉が天下をとる契機となった。築城《ちくじょう》に長《た》け、姫路城《ひめじじょう》や大坂城《おおさかじょう》など名城をいくつも手掛けている。

character

12 伊達政宗《だてまさむね》

戦国時代後期に現れた隻眼《せきがん》の巨星

生 1567〜1636
出 出羽《でわ》（現・山形県）
幼 梵天丸《ぼんてんまる》

ストライクショット…どう？

No.306 ★★★★★
独眼竜《どくがんりゅう》 伊達政宗《だてまさむね》

ストライクショット 天翔竜の如く

VOICE
SS ストライクショット…どう?
逃 ──
倒 ──

銃の名人

騎乗中に発砲できる馬上《ばじょう》筒《づつ》を使ったという逸話を残す政宗《まさむね》。進化すると両手に銃を持ち、敵を撃ち抜く

出《で》羽国《わのくに》（現・山形県）米沢城《よねざわじょう》で生まれた伊達政宗《だてまさむね》は、幼少期に病気で右目を失明した。しかし政宗は片目でありながらとても勇猛な性格で、右目に眼帯をつけて戦場に赴《おもむ》いていた。戦国時代末期には東北地方の大部分を征服し、「独眼竜政宗《どくがんりゅうまさむね》」と呼ばれた。また、政宗の率いる軍は強く、黒い鎧をつけていたので「伊達の黒備《くろぞな》え」と恐れられた。

騎乗中の政宗は、熊の毛で出来た羽織を鎧の上によく着ていた。その格好は戦場で非常に目立ったので、政宗や伊達軍は「伊達者《だてもの》」と呼ばれて一目置かれた。武勇・知略だけでなく、ファッションセンスも兼ね備えていた政宗。現在「伊達」という言葉は、おしゃれな人を指す意味もある。

COLUMN

もっと知りたい 戦国武将

モンストに未登場の武将にも、戦国時代には智勇《ちゆう》を兼ね備えた多くの武将がいた。

戦国の英雄・梟雄《きょうゆう》たち

下剋上《げこくじょう》が横行した戦国時代、武将たちは自らの力で領国を奪い取り、勢力を拡大していった。主家を乗っ取った斎藤道三《さいとうどうさん》、主君を圧倒した松永久秀《まつながひさひで》、浪人《ろうにん》ののち破格の待遇で仕官した島左近《しまさこん》など、その経歴もさまざまだった。

また山本勘助《やまもとかんすけ》や竹中半兵衛《たけなかはんべえ》といった軍師たちは、武ばかりでなく、現在も語り継がれる聡明《そうめい》な頭脳で戦国の世を生き抜いた。

FILE 1 斎藤道三《さいとうどうさん》（1494 ~ 1556）

もとは僧侶で、還俗《げんぞく》して油屋となったのち美濃《みの》国主・土岐《とき》家に近づき、次々と主家を倒して美濃を奪った。また、娘の濃姫《のうひめ》を織田信長《おだのぶなが》の妻とした。のちに長男の義龍《よしたつ》に討たれ敗死。孫の龍興《たつおき》が信長に敗れ斎藤氏は滅んだ。

『斎藤道三像』（常在寺蔵）

FILE 2 松永久秀《まつながひさひで》（1510 ~ 1577）

初めは畿内・四国を支配した戦国大名・三好長慶《みよしながよし》に仕えたが、長慶の死後その勢力を奪い、将軍の足利義輝《あしかがよしてる》を殺したのち三好家家臣との戦いで東大寺大仏殿《とうだいじだいぶつでん》を焼いた。織田信長が入京した際に降伏したが、のち２度にわたり背いて敗死した。

『芳年武者无類 弾正忠松永久秀』（国立国会図書館蔵）

FILE 3 毛利元就《もうりもとなり》（1497 ~ 1571）

もとは出雲《いずも》の尼子晴久《あまごはるひさ》の家臣だったが、のちに周防《すおう》の大内義《おおうちよし》隆《たか》に仕えた。義隆が家臣の陶晴《すえはる》賢《かた》に殺害されると、厳島《いつくしま》の戦いで晴賢を討ち長門《ながと》や周防を領有。のちに尼子氏も破り、山陰・山陽および四国・九州の一部を支配する大大名となった。

『毛利元就像』（毛利博物館蔵）

FILE 4 島左近《しまさこん》（？~ 1600）

本名は島清興《きよおき》。もとは筒井順《つついじゅん》慶《けい》の家臣だったが、順慶の死後は誰にも仕えず浪人していたという。しかし、その合戦《かっせん》の才にほれ込んだ石田三成《いしだみつなり》が自分の収入の半分を与えて召し抱え、関ヶ原《せきがはら》の戦いでは家康《いえやす》の本陣に突進して壮烈《そうれつ》な死を遂げた。

『魁題百撰相　島左近友之』（国立国会図書館蔵）

FILE 7
島津義弘《しまづよしひろ》（1535～1619）

兄の義久《よしひさ》とともにほぼ九州全土を統一したが、秀吉の九州征伐で降伏。朝鮮出兵では明《みん》の大軍を破るなど奮戦した。関ヶ原の戦いでは豊臣方として戦い、敗戦を悟ると東軍を蹴散らして退却。家康もその武勇を恐れ、領地を取り上げなかったという。

『大日本名家揃』（国立国会図書館蔵）より島津義弘を描いた部分。

FILE 5
長宗我部元親《ちょうそかべもとちか》（1539～1599）

もとは小さな領地を持つ一豪族だったが、農民や地侍をもちいて1575年に土佐《とさ》を統一した。1585年には四国統一を果たすが、豊臣秀吉の四国征伐を受けて降伏し、土佐一国の大名におさまった。武人としては槍の名手として有名。

『長宗我部元親像』（秦神社蔵）

FILE 8
加藤清正《かとうきよまさ》（1562～1611）

豊臣秀吉の親戚で、幼少より秀吉に仕えた。「賤ヶ岳《しずがたけ》の七本槍」に数えられるなど武勇にすぐれ、朝鮮出兵では先鋒《せんぽう》となった。のちに石田三成らと対立し、関ヶ原の戦いでは徳川方につき肥後《ひご》一国が与えられた。築城の名手としても知られる。

『芳年武者无類　主計頭加藤清正』（国立国会図書館蔵）

FILE 6
立花宗茂《たちばなむねしげ》（1569～1642）

大友宗麟《おおともそうりん》の家臣・高橋紹運《たかはしじょううん》の子で、同じく大友家の家臣・立花《たちばな》道雪《どうせつ》の養子となった。のちに豊臣秀吉に仕え朝鮮出兵などで活躍し、秀吉から「天下無双」と評された。関ヶ原の戦いでは豊臣方となり敗れるが、のちに徳川秀忠《ひでただ》に仕え大名となった。

『立花宗茂像』（公益財団法人　立花家史料館蔵）

戦国時代を代表する名軍師《ぐんし》

戦国時代の軍師といえば黒田官兵衛《くろだかんべえ》が有名だが、ほかにも多くの軍師が活躍していた。当時の軍師は作戦を立てるだけでなく、占いや儀式なども行ったという。

其之壱
竹中半兵衛《たけなかはんべえ》（1544～1579）

本名は重治《しげはる》。織田信長、豊臣秀吉に仕えた。信長の命に背き黒田官兵衛の嫡男《ちゃくなん》（長政《ながまさ》）を助けた逸話で有名。

『太平記英勇傳　七　竹中半兵衛重治』（都立中央図書館特別文庫室蔵）

其之弐
山本勘助《やまもとかんすけ》（介）（？～1561？）

武田信玄《たけだしんげん》に仕えた軍師で、片目片足だったという。足軽《あしがる》大将をつとめ、川中島の戦いで戦死したと伝わる。

『英雄六家撰山本勘介入道道鬼斎』（国立国会図書館蔵）

character

13

真田幸村《さなだゆきむら》

生 1567～1615

出 信濃《しなの》（現・長野県）

幼 弁丸《べんまる》、お弁丸《べんまる》

別 真田信繁《さなだのぶしげ》、源二郎《げんじろう》

徳川を苦しめた天下無双の兵《つわもの》

真田の心意気、今ここに示さん！

六連銭《むつれんせん》

史実の幸村《ゆきむら》は、戦で活躍し、父から「六連銭」の軍旗を持つことを許された。モンストの幸村も六連銭をつける

真田《さなだ》の赤備《あかぞな》え

史実の幸村《ゆきむら》は大坂夏の陣で自軍部隊を「赤備え」の甲冑《かっちゅう》で編成。赤備えの隊は最強部隊とされ、幸村自身も赤い甲冑を着る

No.2003 ★★★★★★

不惜身命《ふしゃくしんみょう》の勇将《ゆうしょう》 真田幸村《さなだゆきむら》

ストライクショット 勇士の本意

VOICE

SS 真田の心意気、今ここに示さん！

逃 ――

倒 ――

槍の達人

史実で幸村《ゆきむら》は十文字槍《じゅうもんじやり》を携えて、出陣したといわれている。モンストの幸村は女性だが、史実同様、槍を巧みに使いこなす

覚悟はいい?!

No.303 ★★★★★

真田幸村《さなだゆきむら》

ストライクショット 火炎大車輪

VOICE

SS 覚悟はいい?!　ストライクショット!!

逃 ――

倒 ――

真《さな》田《だ》幸村《ゆきむら》は、武田信玄《たけだしんげん》に仕えた真田昌幸《さなだまさゆき》の次男で、本名は信繁《のぶしげ》という。名前の由来は父・昌幸が尊敬していた信玄の本名「信繁」にあやかったと伝わる。幸村は天下を取った徳川家康《とくがわいえやす》の兵たちから「日本一《ひのもといち》の兵《つわもの》」と称えられるほど、戦《いくさ》上手だった。関ヶ原《せきがはら》の戦いでは、家康の三男・徳川秀忠《とくがわひでただ》率いる3万8千の大軍を、父・昌幸とともにわずか3500人の寡兵《かへい》で撃破（第二次上田合戦《うえだかっせん》）。大坂冬の陣では、大坂城《おおさかじょう》の弱点を見抜いてそこに真田丸《さなだまる》という小さな砦を築いた。幸村は巧みに徳川軍を真田丸へと近づかせ、鉄砲の一斉射撃で徳川軍の1万人以上を戦死させたという。しかし幸村の奮戦も虚《むな》しく豊臣《とよとみ》軍は敗北。家康は幸村を味方に引き入れようとしたが、忠誠心の強い幸村はこれを断った。その後、大坂夏の陣で家康は再び大坂城を攻める。再び豊臣家についた幸村は命をかけて大将首を狙い、敵本陣に3回突撃した。幸村に本陣を崩された家康は、動揺して何度も自害を覚悟したという。しかし多勢に無勢。消耗した幸村は敗れて戦死した。

幸村は、日常では物静かで寡黙《かもく》だった。感情的になることも少なく、兄・信之《のぶゆき》は「幸村こそ、国を支配できる本当の武士だ」と語ったという。

現在は旧二の丸内が上田城跡公園になっており、
春には桜が咲く。（写真提供：上田市マルチメディア情報センター）

真田幸村・ゆかりの地

上田城《うえだじょう》

長野県上田《うえだ》市

真田家の居城《きょじょう》。真田軍が徳川軍を２度追い払った「上田合戦《うえだかっせん》」の舞台でもある。旧二《に》の丸《まる》が公園になっていて春には花見の人たちでにぎわう。本丸《ほんまる》跡には真田家を祀《まつ》る真田神社がある。

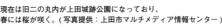

character 14

猿飛佐助《さるとびさすけ》

軽快に動き回る忍者

生	出	幼
？	？	—

おとものネコ

モンストの佐助《さすけ》はクナイを扱える黒猫とともに、隠密任務をこなす。手には遠近両方を攻撃できる、鎖《くさり》鎌《がま》を持つ

No.672 ★★★★★★

甲賀流忍者《こうがりゅうにんじゃ》 猿飛佐助《さるとびさすけ》

ストライクショット ～陰遁～鎖鎌の極

VOICE

SS いっけぇ！　ストライクショット！

逃 ——

倒 ——

猿《さる》飛《とび》佐助《さすけ》は、小説・マンガなどの創作作品で真田十勇士《さなだじゅうゆうし》のひとりとして真田幸村《ゆきむら》をサポートした甲《こう》賀《が》流の忍者。10人いる十勇士のなかで、屈指の人気を誇る。佐助は『西遊記《さいゆうき》』の孫悟空がモデルと考えられており、やんちゃで軽快な忍者である。創作作品では対立する徳川家の情報収集を行い、素早い動きと忍法で敵を翻弄《ほんろう》する。

同じく真田十勇士の忍者・霧隠才《きりがくれさい》蔵《ぞう》との忍術勝負で勝った因縁から、ふたりはライバルでもある。大坂夏の陣で豊臣《とよとみ》家が徳川《とくがわ》家に敗れると、佐助は戦死したはずの幸村と一緒に薩摩《さつま》（現・鹿児島県）まで落ち延びる。

一説では、佐助は実在したともいわれ、伊賀流として暗躍した下忍《げにん》・上月《こうづき》佐助《さすけ》がモデルとの説もある。

15 霧隠才蔵《きりがくれさいぞう》

「真田十勇士《さなだじゅうゆうし》」屈指の忍者

生 ？
出 ？
幼 —

喰らいなさい…

No.665 ★★★★★★
水麗ノ幻術士《すいれいのげんじゅつし》 霧隠才蔵《きりがくれさいぞう》

ストライクショット ～水遁～ウォーターシュリケン

VOICE
SS 喰らいなさい…ストライクショット。
逃 ——
倒 ——

水遁《すいとん》の使い手

モンストの才蔵《さいぞう》は水遁（水を使う忍術）使いの、くノ一。手で印を切って水を使った忍術を操り出し、真田《さなだ》家のために隠密任務を行う

霧《きり》隠《がくれ》才蔵《さいぞう》は創作作品に登場する伊賀《いが》流の忍者で、真田《さなだ》幸村《ゆきむら》の親衛隊・真田《さなだ》十勇士《じゅうゆうし》のひとり。

江戸時代に成立した講談《こうだん》（観衆に物語を読み上げる日本の伝統芸能）『真田《さなだ》三代記《さんだいき》』に登場する霧隠鹿右衛門《きりがくれしかえもん》が、才蔵のモデルだといわれる。

十勇士に入る前は、伊賀流忍術の祖・百地三太夫《ももちさんだゆう》から極意を授かり、山賊稼業《かぎょう》を行っていたとされる。しかし甲賀《こうが》流の忍者・佐助《さすけ》と遭遇《そうぐう》し、忍術で勝負した才蔵《さいぞう》は敗れて、幸村の家臣となる。

大坂夏の陣では、才蔵は徳川家康《とくがわいえやす》の首を狙って奇襲をしかけるが、惜しくも失敗。大坂城が落城して徳川軍が続々と押し寄せるなか、才蔵は、秀吉が寵愛《ちょうあい》した実子・豊臣秀頼《とよとみひでより》を脱出させることに成功した。

もっと知りたい 忍者の系譜

謎に満ちた忍者の軍団。戦国時代にあって、無視できない大きな勢力であった忍者とは？

実在した忍者たち

三重県の伊賀《いが》の里、滋賀県の甲《こう》賀《が》の里など、畿内の山岳地帯には古くから呪術的な修業を行う修験《しゅげん》者《じゃ》たちの拠点があり、戦国時代以前、すでに忍者が存在していたといわれている。そして戦国の世には各勢力から援軍を求められ、潜入や諜報《ちょうほう》活動を行っていたという。しかし、１５８１年の天正《てんしょう》伊賀の乱で、伊賀忍者は織田《おだ》家の大軍に攻められ全滅。伊賀の頭領・

POINT 1 伊《い》賀《が》上忍《じょうにん》三家とは？

伊賀忍者には上忍《じょうにん》・中忍《ちゅうにん》・下忍《げにん》の厳しい身分制度があり、服部《はっとり》家・百地《ももち》家・藤林《ふじばやし》家は上忍三家と呼ばれた。もともとは服部家が伊賀忍の頭領であったが、有名な２代目・服部半蔵正成《まさなり》の父である服部半蔵保長《やすなが》が伊賀忍から離れ徳川家に仕えたため、百地家の当主・三太夫が頭領になったとされる。

服部家	徳川家康に仕えたとされる「服部半蔵正成」が有名。
百地家	百地三太夫はその忍術を使い一度は織田軍を壊滅させた。
藤林家	百地が同一人物であるという説もあるが、詳細は不明。

大きな剣

百地三太夫は海外で知名度が高い忍者である。モンストでは、体ほどある大きな剣を武器にしている

No.667 ★★★★★

伝説《でんせつ》ノ《の》上忍《じょうにん》 百地三太夫《ももちさんだゆう》

ストライクショット ～木遁～大剣舞刀

VOICE

SS 天よ、地よ！　ストライクショット！

逃 ――

倒 ――

百地三太夫《ももちさんだゆう》は忍者の里を脱したものの、最後は降伏したと伝わる。また、織田家の家臣・滝川一益《たきがわかずます》は甲賀で修行していたことがあったため、この乱で甲賀忍者は織田家に従属していたといわれている。

江戸でも人気だった忍者

戦乱が治まると「忍術」の需要は減り、忍者たちは歴史の表舞台から消えていったが、謎に満ちた忍者の存在は民衆から愛された。

江戸時代の『真田三代記《さなださんだいき》』をもとにして大正時代に創作された『真田十勇士』や、江戸時代後期に刊行された読本《よみほん》『自来也説話《じらいやせつわ》』でガマガエルの妖術を使う「自来也」などは、昭和になってからも人気者だった。

POINT 2 真田十勇士《さなだじゅうゆうし》とは？

明治から大正時代に発行された文庫本シリーズ「立川《たつかわ》文庫」で描かれた真田幸村《ゆきむら》の家臣団。実在した人物やモデルと思われる人はいるものの、家臣団そのものは架空の存在。忍術や棒術、謀略《ぼうりゃく》など各分野に長けた個性豊かな 10 人の家臣たちが、ときに幸村の影武者になるなどして徳川家を追い詰めていくストーリーは、今も愛され続けている。

由利鎌之助《ゆりかまのすけ》
その名のとおり鎖鎌と槍の達人

筧 十蔵《かけいじゅうぞう》
幸村と同い年。種子島《たねがしま》銃の名手

海野六郎《うんのろくろう》
幸村の右腕。十勇士中の最古参

根津甚八《ねづじんぱち》
元海賊で幸村の影武者になる

望月六郎《もちづきろくろう》
幸村の影武者。爆弾製造が得意

猿飛佐助《さるとびさすけ》
甲賀流忍者。もっとも人気

霧隠才蔵《きりがくれさいぞう》
佐助と対照的なクールキャラ

三好清海入道《みよしせいかいにゅうどう》
三好伊三の兄。力自慢の豪傑

三好伊三入道《みよしいさにゅうどう》
兄同様に力自慢で棒術の達人

穴山小助《あなやまこすけ》
武田家旧家臣。幸村の影武者

俳聖・松尾芭蕉《まつおばしょう》は忍者だった!?

芭蕉は伊賀上野の生まれで、芭蕉の父が仕えていた城代家老《じょうだいがろう》の藤堂《とうどう》家は、服部《はっとり》家と同族で公儀隠密《こうぎおんみつ》の元締めだった保田采女《やすだうねめ》という人物が跡を継いでいた。芭蕉は公儀隠密として江戸に出て、全国で諜報《ちょうほう》活動をしつつ俳諧師として名を挙げたとの説がある。

No.1870 ★★★★★

俳聖《はいせい》ラッパー MC 芭蕉《ばしょう》

ストライクショット 閑さや岩にしみ入るパンチライン

VOICE

SS ラップバトル、受けて立つぜ！
逃 相手のディスりも手強いYo！
倒 夏草や…兵どもが夢の跡…てな…

さすらいのラッパー

俳聖と称えられた芭蕉は、モンストではラッパー。挑発的なスタイルだ日の本は我が治めよう！

character 16 徳川家康《とくがわいえやす》

生 1543～1616

出 三河《みかわ》（現・愛知県）

幼 竹千代《たけちよ》

別 松平元信《まつだいらもとのぶ》、松平元康《まつだいらもとやす》、松平家康《まつだいらいえやす》

慧眼《けいがん》で好機を察知 戦国時代の覇者

将軍であり神でもある姿

神化の家康《いえやす》は、文字通り神「東照大権《とうしょうだいごん》現《げん》」となる。強大な力を持つが、その表情は冷徹だ

神々しい笏《しゃく》

神化した家康《いえやす》は、神の力が宿って光り輝く笏（公家《くげ》や神職が持つ板）を武器とし、暴れ狂う妖怪を成敗する

No.800 ★★★★★★

東照大権現《とうしょうだいごんげん》 徳川家康《とくがわいえやす》

ストライクショット 権現砲-E・D・O・爆・賦

VOICE

SS 日の本は我が治めよう！ ストライクショット！

逃 ――

倒 ――

鳴くまで待つさ。

人心掌握の達人

進化前の家康は飄々《ひょうひょう》として、つかみどころがない。キレ者で人の心理を読み取ることに長けており、言葉巧みに人を動かす

No.798 ★★★★★

徳川家康《とくがわいえやす》

ストライクショット 鳴くまで待とうホトトギス

VOICE

SS 鳴くまで待つさ。ストライクショット。

逃 ――

倒 ――

徳《とく》川《がわ》家康《いえやす》は晩年に天下を取るが、幼少期は不遇《ふぐう》だった。織田《おだ》信《のぶ》長《なが》が今川義元《いまがわよしもと》を倒すまで、家康は織田家や今川家の人質となっていたのである。先見の明があった家康は、信長が義元を倒して自由になると、勢いづく信長と同盟を結んだ。戦《いくさ》上手が揃う織田・徳川両家は、浅井《あざい》・朝倉《あさくら》連合軍、武田《たけだ》家などを破って領地を拡大し、天下統一に近づいていった。

やがて信長が本能寺《ほんのうじ》の変で倒れると家康に好機が訪れ、天下統一を狙う豊《とよ》臣秀吉《とみひでよし》と覇権を争った。しかし才能・運・人脈をそなえる秀吉に一歩およばず、豊臣家に従うことになった。

豊臣政権下で関東250万石の大名となった家康は、力を蓄えつつ周到な準備を行い、秀吉の死後、ついに天下取りに動き出す。諸国の大名たちを次々に仲間として、豊臣家と戦える巨大勢力を築いたのだ。元来、戦が強かった家康は、関ケ原《せきがはら》の戦いで石田三成《いしだみつなり》率《ひき》いる豊臣家に勝利し、その3年後に征《せい》夷《い》大将軍《たいしょうぐん》となって江戸幕府を開いた。

家康には逸話も多い。弓の達人だった家康は、三方ケ原《みかたがはら》の戦いでは武田軍を何人も弓で射抜いた。しかしこの戦では敗走。家康は逃げるときに大便を漏《も》らし、城に帰ると戒《いまし》めのため漏らした直後の自分を絵に残したという。

城内は歴史資料館になっている。（写真提供：岡崎市）

徳川家康・ゆかりの地

岡崎城《おかざきじょう》

愛知県岡崎《おかざき》市

徳川家康《とくがわいえやす》が生まれた城。戦国時代から安土桃山時代には松平《まつだいら》氏の持ち城で、江戸時代には岡崎藩《おかざきはん》の藩庁だった。1959年に天守《てんしゅ》を三層五階建てにして復興された。現在、日本100名城に数えられる。

天下分け目の合戦

織田信長《おだのぶなが》、豊臣秀吉《とよとみひでよし》とともに戦国の世を歩んできた徳川家康《とくがわいえやす》は、秀吉の死後、ついに天下分け目の決戦を仕掛けた。

START

EPISODE 1

豊臣秀吉《とよとみひでよし》の命により関東に移された徳川家康《とくがわいえやす》は、江戸《えど》（現・東京都）に拠点を置いた。秀吉が死んだのち、**五大老《ごたいろう》（①）**の筆頭であった家康は、**五奉行《ごぶぎょう》（②）**のひとりである石田《いしだ》三成《みつなり》と対立。そこで家康は、加藤清正《かとうきよまさ》、福島《ふくしま》正則《まさのり》などの武将を味方につけた。

EPISODE 2

それに対抗して三成は、毛利輝元《もうりてるもと》や上杉景勝《うえすぎかげかつ》などの有力大名を味方につけた。西国最大の大名・毛利氏が三成（豊臣方）についたことで、西国の大名たちの多くは豊臣方についた。そして、東西を二分する天下分け目の関ヶ原《せきがはら》の戦いが勃発《ぼっぱつ》した。

エピソード編成

秀吉の死後、その側近の石田三成と対立した徳川家康は、関ヶ原の合戦で三成に勝利して江戸幕府を開く。

メイン

徳川家康

▶ p060

サブ1

石田三成

▶ p050

サブ2

茶々

▶ p046

サブ3

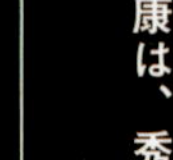

真田幸村

▶ p054

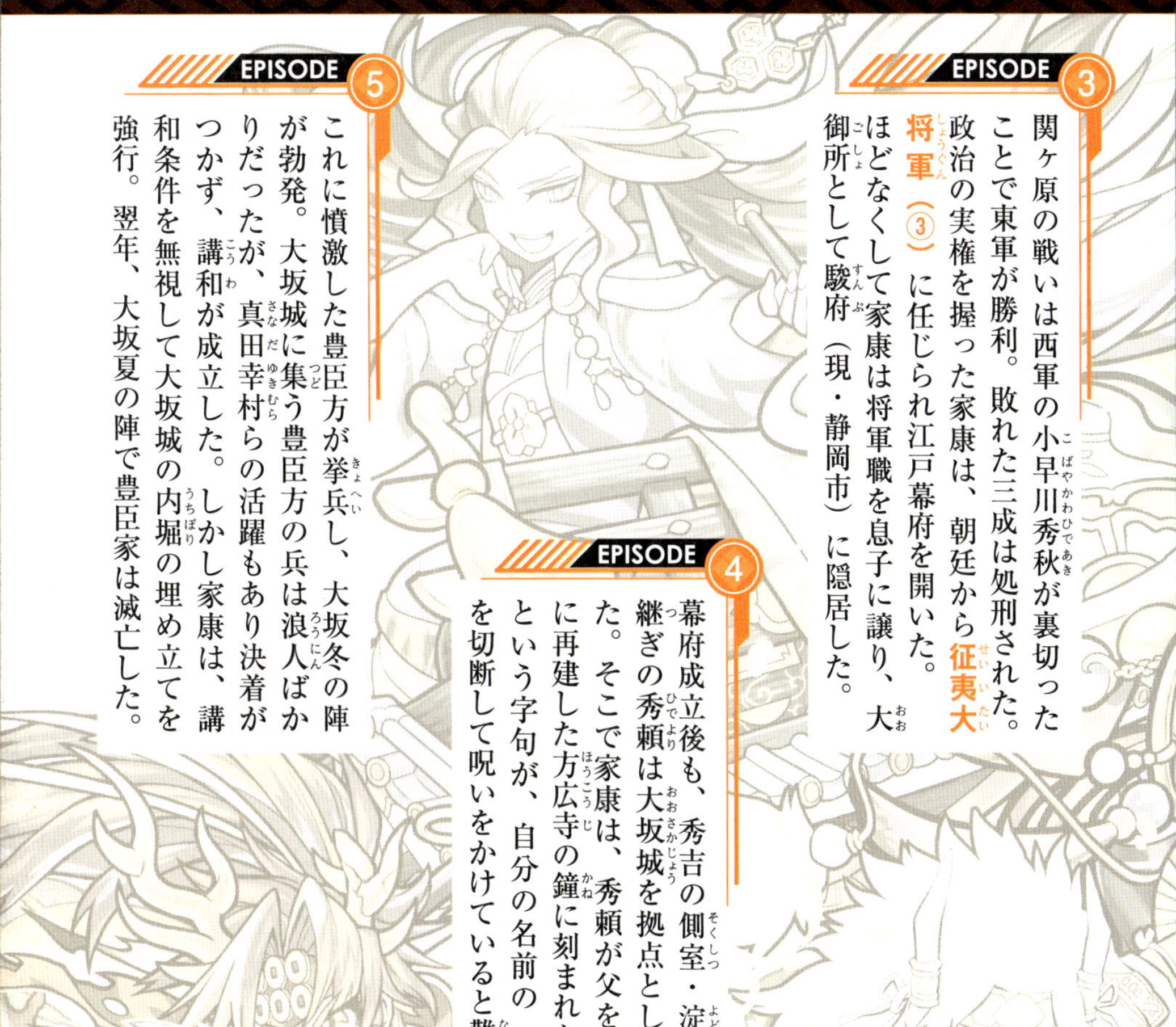

EPISODE 3

関ヶ原の戦いは西軍の小早川秀秋《こばやかわひであき》が裏切ったことで東軍が勝利。敗れた三成は処刑された。政治の実権を握った家康は、朝廷から**征夷大《せいいたい》将軍《しょうぐん》**（③）に任じられ江戸幕府を開いた。ほどなくして家康は将軍職を息子に譲り、大《おお》御所《ごしょ》として駿府《すんぷ》（現・静岡市）に隠居した。

EPISODE 4

幕府成立後も、秀吉の側室《そくしつ》・淀《よど》（茶々《ちゃちゃ》）と跡《あと》継《つ》ぎの秀頼《ひでより》は大坂城《おおさかじょう》を拠点として勢力を誇った。そこで家康は、秀頼が父をとむらうために再建した方広寺《ほうこうじ》の鐘《かね》に刻まれた「国家安康《こっかあんこう》」という字句が、自分の名前の「家」と「康」を切断して呪いをかけていると難癖《なんくせ》をつけた。

EPISODE 5

これに憤激した豊臣方が挙兵《きょへい》し、大坂冬の陣が勃発。大坂城に集《つど》う豊臣方の兵は浪人《ろうにん》ばかりだったが、真田幸村《さなだゆきむら》らの活躍もあり決着がつかず、講和《こうわ》が成立した。しかし家康は、講和条件を無視して大坂城の内堀《うちぼり》の埋め立てを強行。翌年、大坂夏の陣で豊臣家は滅亡した。

KEY WORD

①五大老

豊臣家を支えた５人の有力大名。徳川家康、前田利家《まえだとしいえ》、毛利輝元、宇喜多秀家《うきたひでいえ》、上杉景勝、（小早川隆景《たかかげ》を含む場合もある）が任じられた。

②五奉行

五大老の下に位置付けられた職制で、前田玄以《まえだげんい》、浅野長政《あさのながまさ》、石田三成、増田長盛《ましたながもり》、長束正家《なつかまさいえ》の５人の奉行を指す。主に政権の実務を担った。

③征夷大将軍

もとは蝦夷《えみし》を攻めるために編成された征討《せいとう》軍の総大将に与えられた称号（坂上《さかのうえの》田村麻呂《たむらまろ》が有名）。鎌倉《かまくら》時代以降は幕府の主《しゅ》宰者《さいしゃ》の職名となった。

秀吉《ひでよし》の奉行《ぶぎょう》たちと武将たちの対立

関《せき》ヶ原《がはら》の戦いはなぜ起こったのか？

関ヶ原の戦いの原因は、豊臣秀吉《とよとみひでよし》の政策にまでさかのぼる。秀吉は**太閤検地《たいこうけんち》**（①）などを通して各地の大名の領地支配に口を出し、豊臣一族に権力を集中させようとしていた。その政策を実際に進めたのが、石田三成《いしだみつなり》ら奉行たちだった。これが面白くない中小大名たちや、直接戦闘に加わらない奉行を見下していた**秀吉臣下の武将**（②）たちは、秀吉の死後に最大の大名・**家康《いえやす》と接近**（③）する。すると逆に家康の勢力が大きくなることを警戒した一部の大大名は、三成らと結びついた。

この対立は、家康に次ぐ大名の前田利家《まえだとしいえ》が仲裁していたが、利家は1599年4月に病死。その後、三成と接近していた大名の上杉《うえすぎ》家が戦の準備をしているとして、家康が上杉家征伐を決定。そうして家康が上杉家領地の会津《あいづ》に進軍しようとすると、そのスキをついて三成ら西軍が戦いを仕掛け、関ヶ原の戦いが幕を開けたのだった。

KEY WORD

①太閤検地
秀吉は検地で全国の田畑の実際の収穫量を調べたが、これで全国の各大名がどれくらいの軍を動かせるかが筒抜けになった。

②秀吉臣下の武将
小早川秀秋《こばやかわひであき》の裏切りも、三成に戦い方を批判されて秀吉から処罰を受け、秀秋が三成を恨んでいたことが一因とされる。

③家康と接近
家康と諸大名の接近は秀吉の遺《ゆい》言《ごん》に逆らうことになる。関ヶ原の戦い直前に直江兼続《なおえかねつぐ》は家康を「直江状」で批判した。

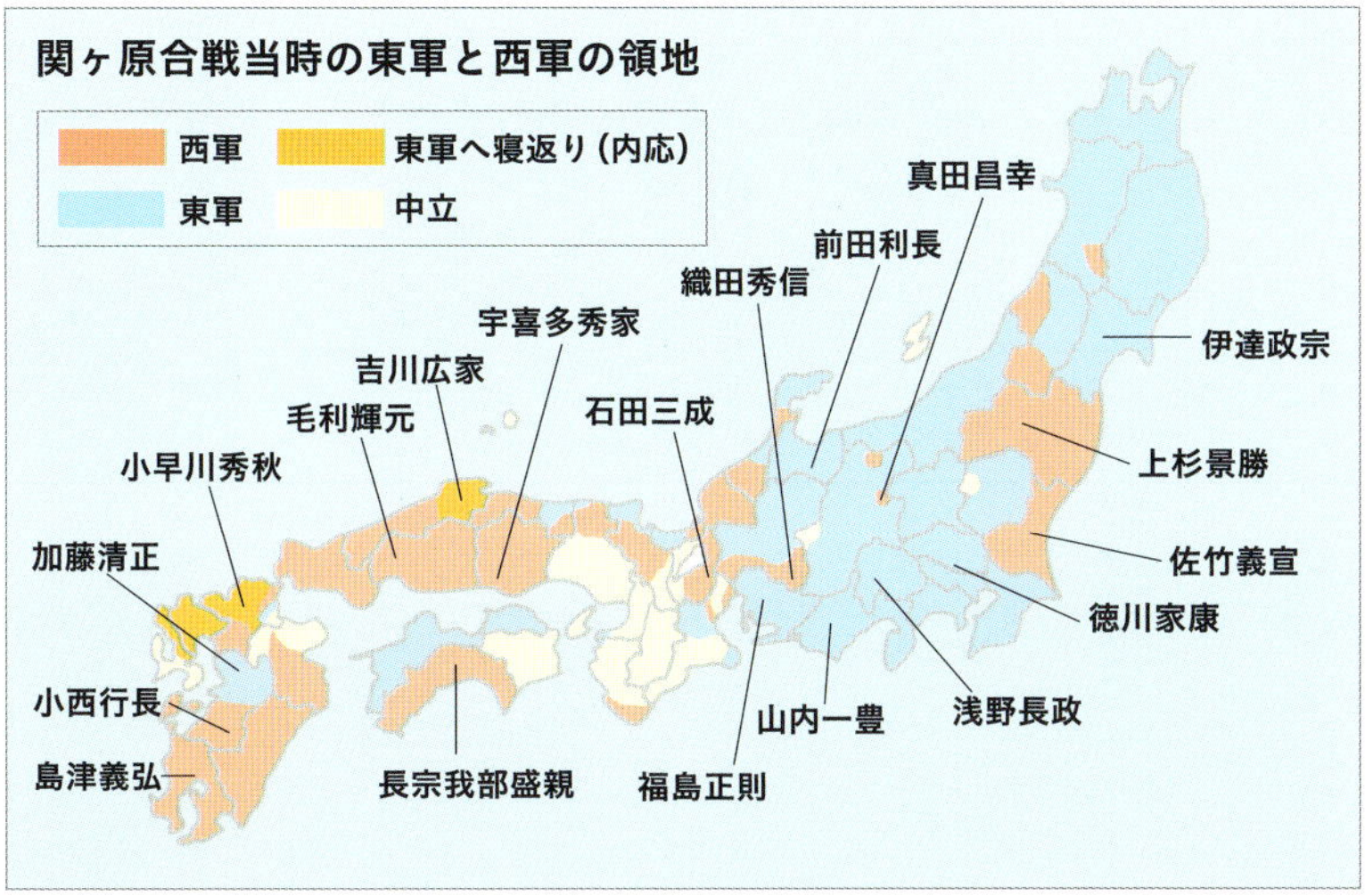

※記載は関ヶ原合戦に参戦した主な大名で、すべての大名ではありません

井伊家の頭領となった女傑

井《い》伊《い》直虎《なおとら》

井伊谷《いいのや》（現・静岡県）の領主の娘として生まれ、今川家《いまがわけ》家臣《かしん》だった父の死後、「直虎」と名乗り井伊家を継ぐ。養子として育てた許婚《いいなずけ》の息子・直政《なおまさ》は、のちに「徳《とく》川《がわ》四天王《してんのう》」のひとりとなる。

No.2129 ★★★★★

女地頭《おんなじとう》 井《い》伊《い》直虎《なおとら》

ストライクショット 虎之威

VOICE

SS 乱世の荒波、この直虎が乗り切ってみせる！

逃 伊達に女地頭と呼ばれちゃぁいないよ！

倒 直政の成長を…見届けるまでは…

挑戦的な目つき

女だてらに井伊《いい》家の頭領として戦国を生き抜いてきただけに、凛々《りり》しく肝の据《す》わったまなざしをする

character

17 本多忠勝《ほんだただかつ》

生 1548～1610

出 三河《みかわ》（現・愛知県）

幼 鍋之助《なべのすけ》

別 平八郎《へいはちろう》

戦《いくさ》で生涯無傷
古今《ここん》無双《むそう》の槍使い

家康様にぃ、完全無欠の勝利をぉぉぉ!!!

激怒して巨大化

史実では、関ヶ原《せきがはら》の戦いにて島津《しまづ》軍の猛攻で愛馬・三国黒《みくにぐろ》を喪《うしな》う。神化した忠勝《ただかつ》は、島津家への怒りで巨大化する

未来からの使者

モンストの忠勝《ただかつ》は、未来から来た戦士。関ヶ原《せきがはら》の戦いで西軍が勝つという歴史を変えるために時を越えてきた

No.2139 ★★★★★★

徳川《とくがわ》の最終兵器《さいしゅうへいき》 本多《ほんだ》忠勝《ただかつ》

ストライクショット 花実兼備クラッシュ

VOICE

SS 家康様にぃ、完全無欠の勝利をぉぉぉ!!!

逃 ——

倒 ——

天下三名槍《てんかさんめいそう》「蜻蛉切《とんぼきり》」

史実では姉川《あねがわ》の戦いにて、朝倉《あさくら》軍1万人に単騎駆けをした忠勝《ただかつ》。モンストでは天下三名槍「蜻蛉切」を持って仁王立《におうだ》ち

徳川家一の家来、本多忠勝ここにあり!

No.2137 ★★★★★

本多《ほんだ》忠勝《ただかつ》

ストライクショット ただ、勝つのみ

VOICE

SS 徳川家一の家来、本多忠勝ここにあり!

逃 ——

倒 ——

本《ほん》多《だ》忠勝《ただかつ》は徳川《とくがわ》家康《いえやす》の家臣で、「徳川《とくがわ》四天王」に数えられる勇猛な武将。

1570年、22歳の忠勝は姉川《あねがわ》の戦いに出陣。家康は織田信長《おだのぶなが》とともに浅《あざ》井《い》・朝倉《あさくら》連合軍と戦った。忠勝は朝倉軍1万人に、ひとりで馬を走らせ突っ込んでいった。この単騎駆けでチャンスを生みだし、家康は勝利を収めた。この戦いにおいて忠勝は、勝敗こそ決まらなかったが、身長2mを超える朝倉軍屈指の豪傑《ごうけつ》・真柄直隆《まがらなおたか》と一騎討ちも行った。家康と同盟を組んでいた織田信長は、忠勝のこれらの武勇に対して「日本の張飛《ちょうひ》」と絶賛したという。

1572年には武田《たけだ》軍相手の退却戦、一言坂《ひとことざか》の戦いで殿《しんがり》（最後尾の部隊）の大将を務めて猛攻を退けた。これを見た武田軍の武将は、忠勝を「家康にはもったいない武将」とたたえた。

忠勝は天下三名槍《さんめいそう》の「蜻蛉切《とんぼきり》」という槍を愛用していた。蜻蛉切は長さ約6mと長く、槍の先にとまろうとしたトンボを真っ二つにするほどの切れ味だった。また、忠勝は、生涯で57回戦いに参加したが、かすり傷一つ負ったことがなかったという。忠勝は、「徳川四天王」のほか「徳川十六神将《じゅうろくしんしょう》」「徳川三傑《さんけつ》」にも数えられるなど、家康の天下取りを支えた武将だった。

浄土寺の本多忠勝本廟《ほんびょう》。

本多忠勝・ゆかりの地

浄土寺《じょうどじ》

三重県桑名《くわな》市

本多忠勝の菩提寺《ぼだいじ》。桑名藩主の忠勝が没したときに、当地の浄土寺に葬られた。1601年に桑名に移ってから、土地区画事業に尽力していたといい、領地の基礎を築いた。

character

18 服部半蔵《はっとりはんぞう》

生 1542～1596

出 三河《みかわ》（現・愛知県）

幼 ―

別 服部正成《はっとりまさなり》

伊賀《いが》流忍者を指揮し、家康《いえやす》に仕えた

伊賀忍法奥義
終焔之陣…

忍術が動力源

体内で火遁《かとん》術を発動し続けて、外骨格《がいこっかく》を動かす動力源とする。外骨格は高熱を帯び、排熱のために蒸気を噴射する

サイボーグ忍者

徳川《とくがわ》家の科学の粋《すい》を集めてサイボーグ化した半蔵《はんぞう》。並外れた身体能力に耐えるために外骨格《がいこっかく》で強化された

No.2326 ★★★★★★

極《きわみ》ノ《の》忍《しのび》 HANZŌ《はんぞー》

ストライクショット ～火遁～終焔之陣

VOICE

SS 伊賀忍法奥義、終焔之陣…

逃 ――

倒 ――

任務を重ねた肉体

任務を遂行《すいこう》し続ける屈強な忍者・半蔵《はんぞう》。進化前の半蔵は、命がけの任務を繰り返しているので、大小、無数の傷跡が体中に残る

笑止!

No.660 ★★★★★

服部半蔵《はっとりはんぞう》

ストライクショット ～火遁～焔

VOICE

SS 笑止！ ストライクショット！

逃 ――

倒 ――

服《はっ》部《とり》半蔵《はんぞう》は三河《みかわ》（現・愛知県）で生まれた。またの名を服部正成《まさなり》（「まさしげ」とも）という。半蔵は伊賀《いが》（現・三重県）周辺の忍者を統率する武将で、徳川家康《とくがわいえやす》の家臣として戦場で活躍。自身は武将だが、父親の保長《やすなが》が伊賀の忍び出身だったため、伊賀忍者を統率する立場になったという。半蔵は槍の名人としても有名で、「鬼半蔵《おにはんぞう》」と呼ばれて恐れられた。

織田信長《おだのぶなが》が本能寺《ほんのうじ》の変《へん》で明智光秀《あけちみつひで》に倒されたとき、信長と同盟を組んでいた家康は本能寺に近い堺《さかい》（現・大阪府）に滞在しており、明智軍に命を狙われる危険があった。そこで半蔵は、部下の忍者たちしか知らない安全な山道を使って、家康を本拠地の三河へと送り届けた。家康は三河へたどり着くまでに伊賀を通過したので、この出来事は「伊賀越え」と呼ばれている。もし半蔵がおらず、「伊賀越え」が成せなければ、家康は天下を見ることなく命を失っていたかもしれない。

これに対して家康は半蔵に感謝すると同時に、忍者の優秀さを褒《ほ》め称え、忍者衆という軍団をつくり、半蔵をリーダーにした。

家康は「伊賀越え」のことを忘れることなく、半蔵は家康から信頼され続けた。

服部半蔵・ゆかりの地

半蔵門《はんぞうもん》

東京都千代田区

江戸城（現在の皇居）の門のひとつ。半蔵の屋敷がこの門の近くにあり、周辺の警備をしていたこと、半蔵の功績が素晴らしいものだったことから名づけられたといわれている。

写真奥の門が半蔵門。現在周囲は千鳥ヶ淵《ちどりがふち》公園として開放されている。（写真提供：千代田区）

COLUMN

家康《いえやす》を支えた 徳川四天王《とくがわしてんのう》

戦においては主君の実力だけでなく、家臣《かしん》たちの優劣が勝負を分けた。家康を支えた四天王とは？

武勇と知略、忠誠心

戦国時代から幕府成立まで、徳川家康の側近として仕えた4人の武将を「徳川四天王」と称する。

4人はいずれも武勇、知略、忠誠心にあふれた名将で、彼らなくして家康の天下統一はなかったかもしれない。この「徳川四天王」にさらに12人を加えて、「徳川十六神将《じゅうろくしんしょう》」とも呼ぶ。彼らは諸国を治めた大名たちに匹敵するような活躍を見せて、家康を支えた。

本多忠勝《ほんだただかつ》

徳川家一とも、戦国一ともいわれる猛将。

▶ p066

酒井忠次《さかいただつぐ》

生 1527 ～ 1596

松平《まつだいら》家（※）代々の家臣で、家康が今川《いまがわ》家の人質となったときにもつき従った。三河一向一揆《みかわいっこういっき》など数々の戦場で武功をあげ、政治手腕にも優れていた。家康の叔母にあたる碓井姫《うすいひめ》を妻とした。

※徳川氏の旧姓

榊 原康政《さかきばらやすまさ》

生 1548 ～ 1606

三河一向一揆《みかわいっこういっき》攻めの功で家康から「康」の字を与えられた。信長《のぶなが》の命で切腹した信康《のぶやす》、２代将軍の秀忠《ひでただ》と家康の後継者に仕え、家康が関東に移されたときに館林《たてばやし》 10 万石を与えられた。

井伊直政《いいなおまさ》

生 1561 ～ 1602

井伊直虎《なおとら》の養子として育てられ、徳川家に仕えた。甲冑《かっちゅう》や武器を赤色でそろえた「井伊の赤備《あかぞな》え」は最強部隊として恐れられ、関ヶ原《せきがはら》の戦いの軍功により石田三成《いしだみつなり》の旧領である彦根《ひこね》の藩主となった。

徳川家に怪をなす 妖刀《ようとう》「村正《むらまさ》」伝説

「村正」とは伊勢《いせ》の刀工集団で、村正作の刀は徳川家代々に祟《たた》りをなすとの伝説がある。家康の祖父と父はともに村正で殺害されたといわれており、嫡男《ちゃくなん》の信康が謀反《むほん》の疑いを受けて切腹したのも村正だったという。

モンストの村正は女性の姿の村雨《むらさめ》と雌雄一対になっている

No.1222 ★★★★★★

幽界《ゆうかい》の妖刀《ようとう》 村正《むらまさ》

ストライクショット 千子村正魔貫斬

VOICE

SS 目覚めの刻は来た！

逃 ──

倒 ──

PART 02

剣豪・英雄

19 character

宮《みや》本《もと》武《む》蔵《さし》

生 1584(?)〜1645
出 播磨《はりま》(現・兵庫県)
幼 辨助《べんのすけ》
別 藤原玄信《ふじわらのはるのぶ》、新免玄信《しんめんはるのぶ》、新免《しんめん》武蔵《むさし》

最強の称号を得た二刀流の剣豪

古今無双の剣の道、そは五輪の極意なり。

佐々木小次郎《ささきこじろう》との縁

剣で達人の境地に至った、神化の武蔵《むさし》。史実では、巌流島《がんりゅうじま》で決闘する因縁《いんねん》のライバル・小次郎が、モンストでは愛する妻である

五輪《ごりん》の刀《かたな》

史実では『五輪書《ごりんのしょ》』を書いた武蔵。神化の武蔵は、それぞれ地・水・火・風・空の属性を持つ5本の刀、「五輪《ごりん》の刀《かたな》」を武器にする

No.1862 ★★★★★★
生涯《しょうがい》無敗《むはい》の剣聖《けんせい》 宮本武蔵《みやもとむさし》

ストライクショット 五輪の極意

VOICE

SS 古今無双の剣の道、そは五輪の極意なり。
逃 ——
倒 ——

俺の二刀流は最強だぜ!

二刀流を修行中

進化前の武蔵《むさし》は、剣の達人となって一旗揚げようと、二刀流を磨きあげる。修行時代から、小次郎《こじろう》から好意を寄せられている

No.1860 ★★★★★
宮本武蔵《みやもとむさし》

ストライクショット 構えありて構えなし

VOICE

SS 俺の二刀流は最強だぜ!
逃 ——
倒 ——

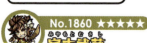

宮《みや》本《もと》武蔵《むさし》は日本の歴史上、最強の呼び声高い剣豪である。13歳で有馬喜兵衛《ありまきへえ》という兵法者《ひょうほうしゃ》と対決して勝利。それから武蔵は武者修行のために、日本各地を歩き回る。

20歳頃、将軍家指南役の名門・吉《よし》岡《おか》一門と対立関係になる。当主の吉《よし》岡清十郎《おかせいじゅうろう》を木刀《ぼくとう》の一撃で戦闘不能にし、弟の吉岡伝七郎《よしおかでんしちろう》は五尺《ごしゃく》（約1・5m）の大きな木刀を持って決闘に挑んだが、その木刀を武蔵は奪って叩き殺したという。そのほかにも生涯60回ほどの勝負をして負けなかったという武蔵。鎖鎌《くさりがま》の達人・宍戸某《ししどなにがし》（梅軒《ばいけん》）、杖《じょう》術《じゅつ》の使い手・夢想権之助《むそうごんのすけ》といった猛者《もさ》も打ち負かしている。

武蔵の戦いで一番有名なのは、佐々《ささ》木《き》小次郎《こじろう》を相手にした巌流島《がんりゅうじま》（船島《ふなしま》）の戦いだろう。諸説あるが、一説によると小次郎は三尺《しゃく》（約1m）もの長刀を使うので、武蔵はそれを超える長さの四尺（約1m20㎝）の木刀を使ってこの決闘に勝利し、天下一の剣豪として名を轟《とどろ》かせたという。

武蔵には絵の才能もあった。モズや達磨《だるま》など、武蔵が描いた水墨画がいくつも残っている。また、晩年には『五《ご》輪書《りんのしょ》』という兵法書を書いた。『五輪書』には二刀流という、剣を両手に持って戦う剣術が詳しく書かれている。

霊巌洞の入り口。（写真提供：熊本市）

宮本武蔵・ゆかりの地

霊巌洞《れいがんどう》

熊本県熊本市

武蔵が晩年、兵法書『五輪書』を書いたときにこもった洞窟《どうくつ》。洞窟内には岩戸観《いわとかん》音《のん》という観音像があるほか、隣接する宝物館には武蔵愛用の木刀や自画像が展示されている。

孤高の剣豪・宮本武蔵《みやもとむさし》

自らの剣の腕が「天下一」であることを証明するために修行と決闘を重ねた武蔵は、やがて兵法家《ひょうほうか》としての名声を高めていく。

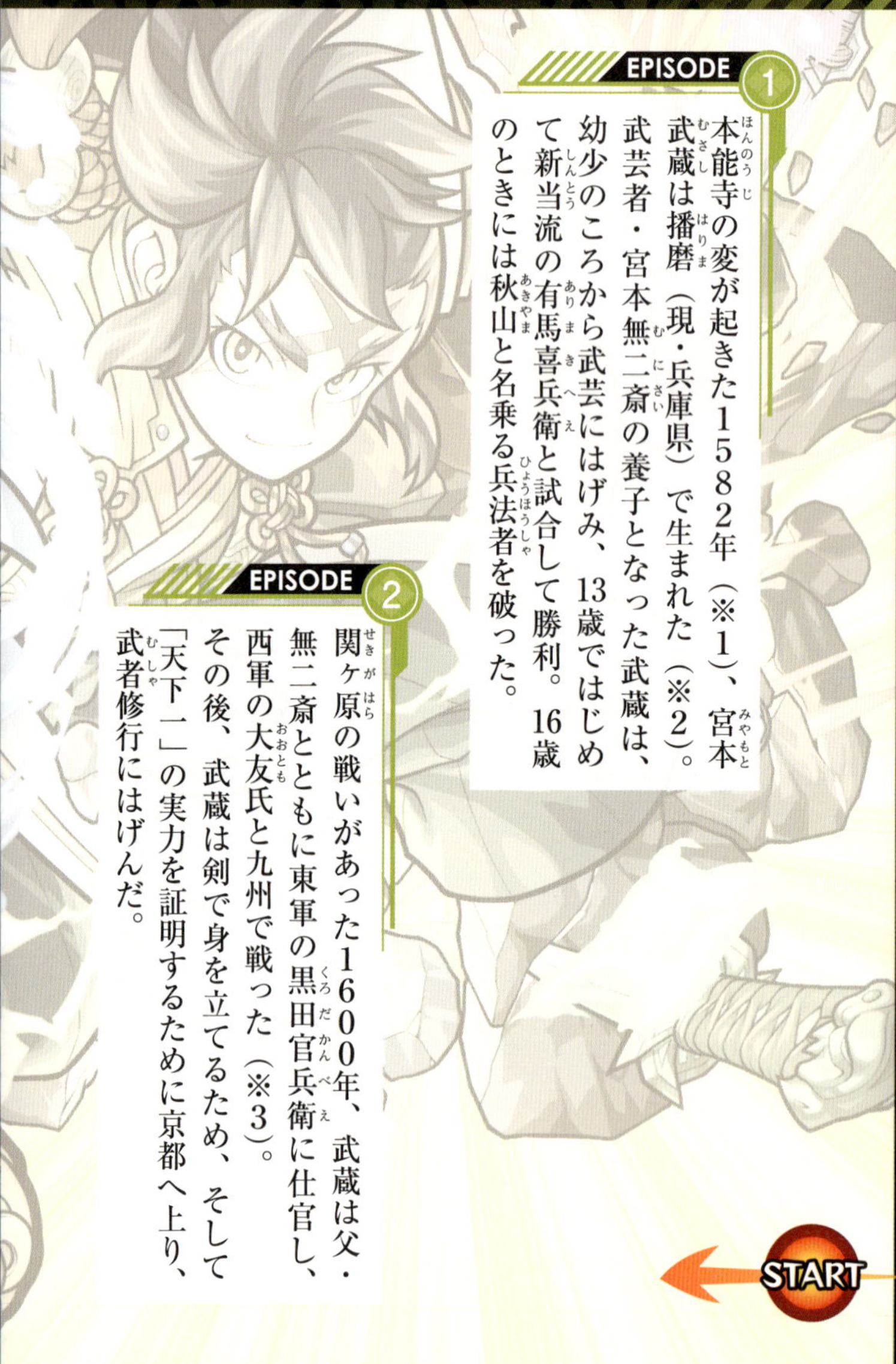

START

EPISODE 1

本能寺《ほんのうじ》の変が起きた1582年（※1）、宮本《みやもと》武蔵《むさし》は播磨《はりま》（現・兵庫県）で生まれた（※2）。武芸者・宮本無二斎《むにさい》の養子となった武蔵は、幼少のころから武芸にはげみ、13歳ではじめて新当《しんとう》流の有馬喜兵衛《ありまきへえ》と試合して勝利。16歳のときには秋山《あきやま》と名乗る兵法者《ひょうほうしゃ》を破った。

EPISODE 2

関ヶ原《せきがはら》の戦いがあった1600年、武蔵は父・無二斎とともに東軍の黒田官兵衛《くろだかんべえ》に仕官し、西軍の大友《おおとも》氏と九州で戦った（※3）。その後、武蔵は剣で身を立てるため、そして「天下一」の実力を証明するために京都へ上り、武者《むしゃ》修行にはげんだ。

エピソード編成

宮本武蔵を祖とする剣術の流派。円《えん》明《みょう》流と称したのち二刀一《にとういち》流と改め、さらに晩年に二天一《にてんいち》流に改称した。

メイン

宮本武蔵

▶ p072

サブ1

佐々木小次郎

▶ p078

EPISODE 3

京都で勝負を重ねた武蔵は、名門・吉岡《よしおか》一門に対戦を迫った。最初の決闘で武蔵は当主・清十郎《せいじゅうろう》を木刀《ぼくとう》で倒し、次の決闘でも武蔵は清十郎の弟・伝七郎《でんしちろう》を一撃で殺した。そして3度目の決闘では、復讐心《ふくしゅうしん》に燃える吉岡一門の門弟数百人を相手に勝利したという（※4）。

EPISODE 4

1612年には、武蔵は船島《ふなしま》（巌流島《がんりゅうじま》）で佐々木小次郎《ささきこじろう》との決闘に勝利した。大坂夏の陣に徳川《とくがわ》方の騎馬武者《きばむしゃ》として参戦した後、故郷の播磨に戻って本多《ほんだ》家の兵法指南《ひょうほうしなん》をする。また、養子の**伊織《いおり》**（①）が仕官した小笠原《おがさわら》家の客分として島原《しまばら》の乱に出陣した。

EPISODE 5

当時の武蔵は、武芸とともに書画《しょが》などに没頭し、**本阿弥光悦《ほんあみこうえつ》**（②）ら一流の文化人と交流していた。

晩年の武蔵は、熊本藩・細川《ほそかわ》家に客分として招かれ、兵法「二天一流《にてんいち》」を広めた。そして**『五輪書《ごりんのしょ》』**（③）を執筆。62歳でこの世を去った。

※1　武蔵の養子・宮本伊織が作成した『宮本家系図』による。1584年説もあり。
※2　宮本伊織が建立した『小倉碑文』より。美作（みまさか）（現・岡山県）出身との説も。
※3　黒田家文書『黒田藩分限帖』より。
※4　『二天記』より。同書は武蔵の没後130年以上たってから書かれた。

GOAL

KEY WORD

①伊織

宮本伊織。小笠原家に仕え、20歳の若さで家老となった。なお、武蔵には伊織の前に三木之助という養子がおり、本多家に仕えたが主君の死に際し殉死《じゅんし》した。

②本阿弥光悦

刀剣の鑑定・研磨を本業とするかたわら、書画・陶芸・茶道・築庭などにも才を示した芸術家。とくに書は、「寛永《かんえい》の三筆《さんぴつ》」のひとりに数えられた。

③五輪書

宮本武蔵が60歳のときに著《あらわ》したと伝わる武芸書。「地」「水」「火」「風」「空」の5巻に、武蔵が会得した兵法《ひょうほう》の極意《ごくい》が書かれている。自筆本は現存しない。

知っておきたい 武蔵《むさし》をめぐる人々

日本人にとって剣豪といえば宮本《みやもと》武蔵だが、実は、その実像については謎が多い。

不明な部分が多い 宮本武蔵の前半生

宮本武蔵の生涯、とくに前半生についてはわかっていない。

宮本武蔵の生涯、とくに前半生については詳しいことはわかっていない。現在にいたる武蔵のイメージを作り上げたのは1935年に発表された吉川英治《よしかわえいじ》の小説『宮本武蔵』だが、この小説のベースとなった『二天記《にてんき》』も武蔵の死後130年ほどたってから書かれたもので、信ぴょう性は極めて低い。

しかし、武蔵の後半生については

相関図

1 吉岡一門《よしおか》
武蔵と3度の決闘をし、ことごとく敗れた

2 柳生石舟斎《やぎゅうせきしゅうさい》
吉川英治の小説では、武蔵が畏敬《いけい》したとされている

3 本多忠政《ほんだただまさ》
武蔵を客分として迎え、藩《はん》士《し》への剣術指南を任せた

4 小笠原忠真《おがさわらただざね》
養子の伊織を登用し、武蔵も客分として迎えた

5 細川忠興《ほそかわただおき》
佐々木小次郎を評価し、藩の剣術指南として迎えた

6 細川忠利《ほそかわただとし》
武蔵を客分として迎え、自らも二天一流《にてんいち》を学んだ

7 奥蔵院道栄《おうぞういんどうえい》
『二天記』に武蔵と決闘したと記された槍の名手

※1　黒田家家臣が記した『武《ぶ》州玄信公伝来《しゅうげんしんこうでんらい》』には、武蔵が黒田家配下として戦ったとある
※2　武蔵は小笠原家の客分だったときに、伊織とともに島原の乱に出陣している

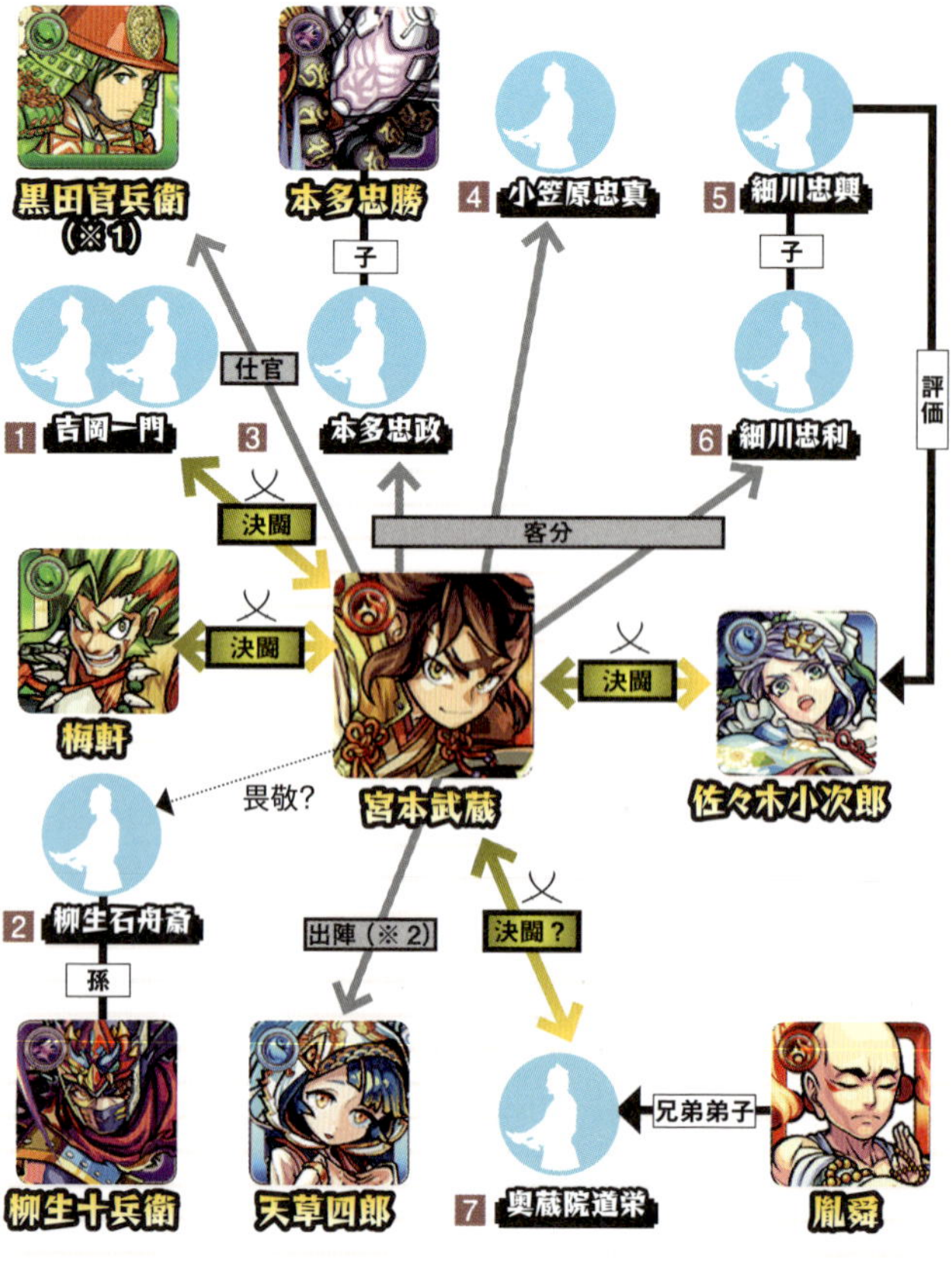

多くの記録が残っていて、佐々木《ささき》小次郎《こじろう》との戦いや、『五輪書《ごりんのしょ》』の執筆などの事跡は史実として伝えられている。

大名家から客分として迎えられた後半生

武蔵はその後半生において多くの大名から客分として迎えられており、当時から剣豪・兵法家《ひょうほうか》として、名高かったことは確かだ。

また、養子の伊織《いおり》は、史実では明石《あかし》の譜代《ふだい》大名・小笠原《おがさわら》家の筆頭《ひっとう》家老《がろう》にまで出世した。なお、武蔵といえば禅僧《ぜんそう》・沢庵《たくあん》和尚《おしょう》だ。沢庵は武蔵が武芸者として成長するのを支えたとされるが、ふたりの関係は吉川英治の創作である。

POINT 1 書画の達人でもあった武蔵

武蔵は書画を描くことも修行のひとつと考えていたようで、『五輪書《ごりんのしょ》』で、「諸芸にさわること」を「道を行う法」のひとつと記している。

『忠孝名誉奇人伝　宮本武蔵』（国立国会図書館蔵）より武蔵と塚原卜伝《つかはらぼくでん》の試合の図。ただし、史実ではふたりは対決していない。

POINT 2 武蔵と対戦した武芸者たち

有馬喜兵衛《ありまきへえ》

新当流《しんとうりゅう》の使い手。武蔵が『五輪書』に、13歳のときに最初に戦った武芸者と記している。

夢想権之助《むそうごんのすけ》

四尺《しゃく》（約1.2m）の杖で武蔵に勝負を挑むが、割り木を使う武蔵に眉《み》間《けん》へ一撃を入れられて敗北。敗れたのち、神道夢想流《しんとうむそうりゅう》という杖術《じょうじゅつ》を創始した。

No.1859 ★★★★★

鎖鎌《くさりがま》の使《つか》い手《て》 梅軒《ばいけん》

ストライクショット　猛々しき鎖鎌捌き

VOICE

SS 我が鎖鎌の錆にしてくれるわ！

逃 ——

倒 ——

進化後の梅軒《ばいけん》は野武士集団の頭《かしら》。我流の鎖鎌で敵を一掃する

No.1854 ★★★★★

槍術《そうじゅつ》武僧《ぶそう》 胤舜《いんしゅん》

ストライクショット　禁じられし十文字槍

VOICE

SS これぞ宝蔵院流槍術の真髄なり…

逃 ——

倒 ——

進化後の悟りを開いた胤舜。数珠から出したオーラの槍をあやつる

20 character

佐《さ》々《さ》木《き》小《こ》次《じ》郎《ろう》

生 ?〜1612
出 豊前《ぶぜん》（現・福岡県）
幼 ―
別 ―

長刀《ちょうとう》を使いこなす日本屈指の剣豪

長い得物なら、あたしは負けないよ！

戦う良妻《りょうさい》

神化した小次郎《こじろう》は剣豪でありながら、家事もこなす武蔵《むさし》の妻。物干し竿《ざお》にかかるのは、洗濯直後の武蔵の着物

物干し竿

史実の小次郎《こじろう》の刀は、あまりの長さから「物干し竿」と呼ばれた。モンストでは、本物の物干し竿を武器にして戦う

No.1857 ★★★★★★

武勇《ぶゆう》の賢妻《けんさい》 佐《さ》々《さ》木《き》小《こ》次《じ》郎《ろう》

ストライクショット 秘技・物干し竿の大太刀

VOICE

SS 長い得物なら、あたしは負けないよ！
逃 ――
倒 ――

武蔵は来る…来ない…もう、いつまで待たせるの？

恋する剣豪

進化前の小次郎《こじろう》は、武蔵《むさし》に恋する女性武芸者。花占いをしながら遅刻する武蔵を待ち、「来る……来ない……」とやきもき

No.1855 ★★★★★

佐《さ》々《さ》木《き》小《こ》次《じ》郎《ろう》

ストライクショット 待ち待ちて巌流島

VOICE

SS 武蔵は来る…来ない…もう、いつまで待たせるの？
逃 ――
倒 ――

佐《さ》々木小次郎《さきこじろう》は、安土桃山《あづちももやま》から江戸時代の剣豪。中条流《ちゅうじょうりゅう》・富《と》田《だ》勢源《せいげん》もしくは富田勢源門下鐘捲流《かねまきりゅう》・鐘捲自斎《かねまきじさい》の弟子とされている。『二天記《にてんき》』によれば、「厳流《がんりゅう》」という剣術流派を開き、武者修行で諸国を回った。修行後、剣の達人となった小次郎は、小倉藩《こくらはん》で剣術の師範になる。

ライバルの宮本武蔵《みやもとむさし》と厳流島《がんりゅうじま》で決闘して敗れたことは間違いないが、謎も多い。『二天記』では、武蔵は決闘に遅刻。待ちに待たされた小次郎は、刀の鞘《さや》を捨て、舟でやってくる武蔵へと走って向かう。しかし武蔵に「小次郎、破れたり、勝つつもりなら、鞘は捨てまいに」と言い放たれる。激昂《げきこう》した小次郎は長刀《ちょうとう》で切りかかり、武蔵に木刀で頭を叩き割られた。倒れた小次郎は反撃を繰り出すが、武蔵に脇腹《わきばら》を打たれて敗北した。一説では、巌流島の決闘時、武蔵は20代だったが、小次郎は60歳近くとされ、かなりの年齢的なハンデがあったと思われる。

武蔵には敗北したが、小次郎も日本屈指の剣豪である。小次郎は「物干し竿《ざお》」と呼ばれるほど長い刀「備前長船長光《びぜんおさふねながみつ》」を使いこなし、この長刀で「燕《つばめ》返《がえ》し」という必殺技を編み出した。この技は、打ち込んだ刀を素早く反転させて切り返すものだと伝わる。

巌流島こと船島《ふなしま》には現在、武蔵と小次郎の像が立つ。
(写真提供：下関市)

佐々木小次郎・ゆかりの地

巌流島《がんりゅうじま》

山口県下関《しものせき》市

正式名称は「船島《ふなしま》」。本州から400 mほどの離島。小次郎の開いた流派「巌流」にちなみ別名「巌流島」と呼ばれる。現在は公園として整備されており、小次郎と武蔵が戦う場面の銅像が置かれる。

character 21

柳《や》生《ぎゅう》十《じゅう》兵《べ》衛《え》

生 1607～1650
出 大和《やまと》(現・奈良県)
幼 七郎《しちろう》
別 柳生三厳《やぎゅうみつよし》

将軍家に信頼された柳生《やぎゅう》家最強の剣豪

我が柳生の太刀筋に死角無し！

目にもとまらぬ音速の太刀《たち》

神化した十兵衛《じゅうべえ》は、徳川家光《とくがわいえみつ》の命《めい》で隠密の任務をこなす剣士。敵が放った手裏剣を、瞬時に切る

隻眼《せきがん》の剣豪

十兵衛《じゅうべえ》は片目ながら剣の名門・柳生《やぎゅう》家を代表する剣士だったといわれ、「隻眼の剣豪」の異名《いみょう》を得る。モンストでも左目に傷を負う

No.1865 ★★★★★★

月下《げっか》の隠密《おんみつ》 柳生十兵衛《やぎゅうじゅうべえ》

ストライクショット 見・機・躰

VOICE

SS 我が柳生の太刀筋に死角無し！
逃 ——
倒 ——

諸国を巡る武芸者

進化前の十兵衛《じゅうべえ》は日本全国をめぐる武芸者で、藩《はん》の武芸試合で腕前を披露。弱者を寄せ付けないオーラをまとう

主の太刀筋、この隻眼が見切った！

No.1863 ★★★★★

柳生十兵衛《やぎゅうじゅうべえ》

ストライクショット 月之抄

VOICE

SS 主の太刀筋、この隻眼が見切った！
逃 ——
倒 ——

柳《やぎ》生《ゆう》十兵衛《じゅうべえ》は江戸時代の剣士である。柳生家《やぎゅう》には徳川家康《とくがわいえやす》に無刀取りを見せて剣術指南役を頼まれた柳生宗厳《むねよし》、徳川将軍家や各地の藩主を門下にした柳生宗矩《むねのり》など、代々剣豪が多かった。そんな柳生一族で、ピカイチの強さをもっていたのが十兵衛である。十兵衛は、幼い頃から剣の腕を磨いていたとされ、若くに稽古《けいこ》中の事故で片目を失明。しかし、眼帯をつけ、剣の道を歩み続けた。十兵衛は、10代で江戸幕府第3代将軍徳川家光《とくがわいえみつ》の、剣を鍛える役に就《つ》く。のちに将軍となる家光が相手でも、十兵衛は全く手加減しなかったと伝わる。そんな十兵衛は恐れられたが尊敬もされ、全国で1万人以上の門弟《もんてい》を育てたという。

十兵衛の生涯には不明な部分も多いが、日本各地を武者修行でめぐっていたとの説がある。その際、奥州《おうしゅう》（現・東北地方）から各地の道場をかたっぱしから訪れて仕合《しあい》を行ったり、京都・粟田口《あわたぐち》で12人の盗賊を切り捨てたりなど、強さを示す逸話が残っている。また、手裏剣の名人・毛利玄達《もうりげんたつ》（毛利流手裏剣術）が放った37本の手裏剣を、扇《おうぎ》ですべて払い落としたとも伝わる。

ちなみに十兵衛は剣だけではなく、杖を使って戦う「柳生杖《やぎゅうじょう》」という武術も編み出している。

現在も立つ枯れた十兵衛杉《じゅうべえすぎ》。
（写真提供：柳生観光協会）

柳生十兵衛・ゆかりの地

柳生の里《さと》

奈良県奈良市

柳生家一族が集まって住んでいた集落。江戸で生活を送っていた十兵衛も諸国をめぐっているときに立ち寄り、十兵衛杉《じゅうべえすぎ》と呼ばれる杉の木を植えたという（落雷のため現在は枯れている）。

character

22

天《あま》草《くさ》四《し》郎《ろう》

生 1621(?)～1638

出 ?

幼 —

別 益田《ますだ》四《し》郎《ろう》時貞《ときさだ》、ジェロニモ、フランシスコ

江戸幕府に抵抗したキリシタンの救世主

遍く大地に
神の祝福を…

神に転生《てんせい》

神化した四郎《しろう》は信仰を貫いて命を失うが、神々に美しい御霊《みたま》を認められて神に転生する

天使の羽の守護《しゅご》

神化した四郎《しろう》は生前に受けた弾圧をすべて許し、微笑《ほほえ》む。天使の羽で出来たマントに身を包み、人間界の不浄《ふじょう》を清める

No.1251 ★★★★★★

聖《せい》魔《ま》転生《てんせい》 天草《あまくさ》四《し》郎《ろう》時貞《ときさだ》

ストライクショット 神の子は皆踊る

VOICE

SS 遍く大地に、神の祝福を…

逃 ——

倒 ——

神よ、貧しき民に
ご慈悲、あらんことを…

神託《しんたく》を授かる

進化前の四郎《しろう》は神の声を聞くことができ、人々に神の教えを伝えるキリシタン。いつしか一揆《いっき》軍のリーダーとなる

No.1249 ★★★★★

天草《あまくさ》四《し》郎《ろう》

ストライクショット 島原の乱

VOICE

SS 神よ、貧しき民にご慈悲、あらんことを…

逃 ——

倒 ——

天《あま》草《くさ》四《し》郎《ろう》は江戸時代初期に肥後《ひご》（現・熊本県）に生まれた。幼い頃から秀才な上に美男子で、リーダーになる器《うつわ》を持っていた。加えて四郎は奇跡を起こすことができた。目が見えない少女に四郎が触ると、少女の目が見えるようになったという。また、海の上を歩いたともいわれており、神童として人々に崇《あが》められた。

　四郎はキリシタン（キリスト教徒のこと）だったが、当時、江戸幕府はキリシタンを追放したり、殺害していた。

　藩主は農民たちに重い税を課し、それに加えて飢饉《ききん》も起こって民衆は苦しんだ。そこでキリシタンと農民たちは、非道な政策をとる藩に反抗しようと立ち上がった。これを「島原《しまばら》（現・長崎県）の乱」という。

　このとき四郎は20歳に満たない青年だった。しかし不思議な力がある四郎は反乱軍の総大将となり、キリシタンや農民たちを励《はげ》まし続けた。キリシタンが自由に信仰を持ち、農民が豊かな生活を送る。そんな平和な世の中を、四郎は望んだのだ。

　しかし反乱軍は幕府軍に敗れ、四郎は捕らえられて処刑された。四郎の願いが叶うことはなかった。民を思う若いリーダーの死を、人々は嘆《なげ》き悲しんだという。

彫刻家・北村西望《きたむらせいぼう》の天草四郎像。

天草四郎・ゆかりの地

原城跡《はらじょうあと》

長崎県南島原市

島原の乱の舞台。この城に四郎たちはこもって幕府軍と戦った。島原の乱後、幕府軍が城を破壊したため現在城は残っていない。原城本丸《ほんまる》部分には現在、四郎の像や墓石がある。

戦国・江戸初期の剣豪列伝

戦国時代から江戸初期にかけて、現代にも名を残す多くの剣豪が生まれた。

兵法《ひょうほう》三大源流と剣豪たち

戦乱の世を迎えた室町時代末期から江戸時代初期にかけて、多くの剣豪が名を残した。

今日にいたる剣術流派の基盤となったのは念《ねん》流、陰《かげ》流、神道《しんとう》流の三派で、この三派は「兵法三大源流」とも呼ばれる。

これらの流派は集合と分離を繰り返し、多くの剣術流派が誕生していった。新選組《しんせんぐみ》など後の世の剣士にも影響を与えている。

戦国時代以降の剣術流派は細分化していき、武蔵の「二天一流《にてんいちりゅう》」ほかさまざまな流派があったが、ここでは「兵法三大源流」にまつわる剣豪たちを紹介する。

念流

伊藤一刀斎《いとういっとうさい》

江戸初期の剣豪・鐘捲自《かねまきじ》斎《さい》の弟子で、一刀流《いっとうりゅう》を開いた。坂本龍馬《さかもとりょうま》が学んだ北辰《ほくしん》一刀流もこの系譜。

神道流

塚原卜伝《つかはらぼくでん》

新当流（卜伝流）の始祖。鹿島《かしま》神宮に参拝して「一の太刀《たち》」という技を考案し、流派を広めた。

柳生新陰流

柳生宗厳《やぎゅうむねよし》

柳生新陰流を創始し、晩年は石舟斎《せきしゅうさい》と称した。息子・宗矩《むねのり》は徳川《とくがわ》家の兵法指南役を務めた。

← 弟子

陰流

上泉信綱《かみいずみのぶつな》

新陰《しんかげ》流の始祖で、陰流の始祖・愛洲久忠《あいすひさただ》の弟子とされる。史上最強の「剣聖」とも称される。

弟子 →

タイ捨流

丸目長恵《まるめながよし》

新陰流から派生したタイ捨《しゃ》流の始祖。九州で流派を広め「東の柳生、西の丸目」と称された。

江戸を騒がせた事件・争乱

およそ260年にわたる泰平《たいへい》の世が続いた江戸時代。しかし、その裏側ではさまざまな事件があった。

「天下泰平」は嘘だった!?

江戸時代といえば「天下泰平」というイメージが強い。しかし約260年存続した江戸幕府の世では、島原《しまばら》の乱や幕末の動乱以外にも、何度か世の中を騒がせる大事件や争乱が起こっていた。

ここでは、幕府や武士階級はもとより、同時代を生きた庶民までを驚かせた江戸時代の代表的な事件・争乱をふりかえる。

江戸事件簿

慶安《けいあん》事件（由井正雪《ゆいしょうせつ》の乱）

由井正雪、丸橋忠弥《まるばしちゅうや》らの浪人《ろうにん》が幕府転覆《てんぷく》をたくらみ、江戸・大坂・京都などで蜂起《ほうき》を計画。しかし事前に発覚し、首謀者の由井正雪は自殺した。

赤穂《あこう》事件（忠臣蔵《ちゅうしんぐら》）

大石内蔵助《おおいしくらのすけ》ら47人の旧赤穂藩士が、旧主・浅野長矩《あさのながのり》の仇《かたき》を討つため吉良《きら》上野介《こうずけのすけ》の邸内に乱入。事件は『忠臣蔵』として世に広まった。

大塩平八郎《おおしおへいはちろう》の乱

陽明《ようめい》学者の大塩平八郎が、天保《てんぽう》の飢饉《ききん》に際して民衆救済のため大阪で挙兵した事件。しかし、乱は1日で鎮圧され大塩は潜伏後自殺した。

No.1723 ★★★★★★

師走《しわす》アイドル 赤穂浪士《あこうろうし》47

ストライクショット 師走に恋する忠臣蔵

VOICE

SS 主君の無念、晴らします♡

逃 ——

倒 ——

江戸時代争乱年表

1603	江戸幕府成立
1614	大坂冬の陣
1615	大坂夏の陣
1629	紫衣《しえ》事件
1637	島原の乱
1651	慶安事件
1657	明暦《めいれき》の大火
1669	シャクシャインの戦い
1703	赤穂事件（討ち入り）
1787	天明《てんめい》の打ちこわし
1837	大塩平八郎の乱
1853	ペリー来航
1860	桜《さくら》田門《だもんがい》外の変
1863	薩英《さつえい》戦争
1864	禁門《きんもん》の変（蛤《はまぐり》御門《ごもん》の変）
1864	四国艦隊の下関《しものせき》砲撃
1867	大政奉還《たいせいほうかん》
1868	戊辰《ぼしん》戦争

character 23

徳川吉宗《とくがわよしむね》

江戸幕府の窮地《きゅうち》を
救う第8代将軍

生 1684～1751
出 紀州《きしゅう》（現・和歌山県）
幼 源六《げんろく》

妾に付いて参れ！

女性将軍

モンストの吉宗《よしむね》は女性。進化した吉宗は弓を引き絞り、火が付いた破魔矢《はまや》で流鏑馬《やぶさめ》（馬上から的に矢を射る）を行う

No.1036 ★★★★★★

除夜《じょや》を射《い》る将軍《しょうぐん》 徳川吉宗《とくがわよしむね》

ストライクショット 締めの一閃

VOICE

SS 妾に付いて参れ！
逃 ほぉ～勝てると思っておるのか？
倒 さらばじゃ…

江戸幕府8代将軍徳川吉宗《とくがわよしむね》は江戸の町が住みやすくなる政策を取り入れ、幕府を立て直した名将軍だ。当時幕府は財政面で苦しんでいたが、吉宗は徹底的に節約した。また、民衆に意見を求めるために目安箱《めやすばこ》というアンケートボックスを設置。多くの民の意見を聞いて民を助ける改革を行い、よりよい世の中にしたいと願っていたのである。

さらには、米をたくさん収穫できるように農地を積極的に開発した。吉宗のおかげで米の収穫高が上がったので、「米将軍《こめしょうぐん》」と呼ばれて尊敬された。

吉宗自身が世の中の決まりごとをしっかりと守ったので、家臣《かしん》は吉宗に従った。吉宗は民と家臣の心を掴んだカリスマ将軍だったのである。

COLUMN

知っておきたい 江戸の芸能・文化

江戸時代、将軍のお膝元《ひざもと》の江戸ではさまざまな文化が花開き、庶民の間に広まっていった。

世界最大の都市・江戸

江戸時代なかば以降、江戸は100万人以上の人口規模を誇る世界最大の都市だった。そのため江戸では芸術や芸能、その他の娯楽文化が庶民にまで広まり発展していった。今も人気の歌舞伎《かぶき》や相《す》撲《もう》興行なども、この時代に始まったものだ。

　また、江戸時代の日本は識字率《しきじりつ》でも世界一を誇っており、小説など文芸の大衆化も急速に進んだ。

モンストに登場する

江戸文化の立役者たち

No.1637 ★★★★★★ サイバティック・ゲンナイ

ストライクショット 絡繰忍法～疾風迅雷～

VOICE

SS 絡繰雷撃！　疾風迅雷！

逃 ——

倒 ——

江戸時代の発明家である平《ひら》賀源内《がげんない》は静電気発生装置「エレキテル」で有名。モンストでは、サイバーな装備

No.1875 ★★★★★ かぶき踊《おど》りの麗人《れいじん》 阿国《おくに》

ストライクショット 拍手喝采かぶきジェンヌ

VOICE

SS 歌舞伎の華、咲かせようじゃないか！

逃 女の子を泣かせちゃぁいけないよ

倒 かくなる上は華々しく散るのみ！

出雲阿国《いずものおくに》として知られる芸能者。歌舞伎《かぶき》の源流であるかぶき踊りの創始者で、当時は諸国を回っていた

No.2215 ★★★★★★ 画狂老人卍《がきょうろうじんまんじ》 葛飾北斎《かつしかほくさい》

ストライクショット 浮世絵幻術・ヒャクモノガタリ

VOICE

SS 北斎百物語！　儂の筆に慄けぃ！

逃 ——

倒 ——

『富嶽三十六景《ふがくさんじゅうろっけい》』や『北斎漫画《ほくさいまんが》』を描いた江戸時代後期の浮世絵師。世界的にファンが多い

No.1873 ★★★★★★ 絡繰仕業師《からくりしわざし》 近松門左衛門《ちかまつもんざえもん》

ストライクショット 誅伐浄瑠璃「カゲキヨ」

VOICE

SS 浄瑠璃人形暗殺術奥義、《景清》！

逃 ——

倒 ——

江戸中期に、浄瑠璃《じょうるり》・歌舞《かぶ》伎狂言《ききょうげん》の分野で数多くの傑作を生みだした。とくに『曽根崎心中《そねざきしんじゅう》』が有名

モンスターストライク
MONSTER STRIKE®
で覚える
日本の武将

PART 03

源《げん》平《ぺい》の武将

モンストに登場する 源《げん》平《ぺい》の武将

源平争乱の時代、貴族の時代が終焉《しゅうえん》を迎え、武士の時代の幕開けとなった。

戦う

後白河法皇《ごしらかわほうおう》

天皇としての在位はわずか3年だったが、上皇《じょうこう》として長く院政を行い、権勢を誇った

反発

息子

以仁王《もちひとおう》

後白河法皇の第3皇子。源氏に平氏追討の令旨《りょうじ》を下す

武士の世が見たけりゃあたしについてきな!

No.1356 ▸P092

平《たいらの》 清盛《きよもり》

対立勢力を一掃して太《だい》政《じょう》大臣《だいじん》になり平氏政権を樹立。反平氏勢力が蜂《ほう》起《き》するなか病没

甥《おい》

No.1361 ▸P093

源《みなもとの》 頼朝《よりとも》

伊豆に配流されたのち、以仁王の平氏追討の令旨を受け挙兵。平氏を討ち鎌倉《かまくら》幕府を開く

No.1364 ▸P103

我が想い、詩に託しましょう…

平《たいらの》 敦盛《あつもり》

清盛の異母弟・経盛《つねもり》の子。一ノ谷合戦で、わずか16歳で源氏の武将・熊谷直《くまがいなお》実《ざね》に討たれた

『攝州一ノ谷源平合戰之圖』(国立国会図書館蔵)。源《みなもとの》 義経《よしつね》はこの戦いで、断崖《だんがい》の上から騎乗《きじょう》のまま敵陣を急襲《きゅうしゅう》するという「鵯《ひよどり》越え」の奇襲《きしゅう》戦法で平氏に勝利した

No.1341 ▶P102

静《しずか》御《ご》前《ぜん》

京都の白拍子《しらびょうし》（舞を踊る女性）。義経の都落ちに従ったが捕らえられ、鎌倉に送られた

源《みなもとの》義賢《よしかた》

源義朝の弟。関東北部で勢力を伸ばすが義朝の子に討たれた

兄弟

源《みなもとの》義朝《よしとも》

平清盛と対立し平治《へいじ》の乱を起こし敗れ、逃亡中に殺される

息子

No.1354 ▶P103

源《みなもとの》義仲《よしなか》（木曽義仲《きそよしなか》）

父の死後、木曽《きそ》に逃れ木曽次郎を名のる。挙兵後、平氏の大軍を破るも後白河法皇と対立

戦う

息子

我、奥州の守護者なり…！

No.1349 ▶P105

藤原秀衡《ふじわらのひでひら》

3代続いた奥州藤原氏の最盛期を築く。平家滅亡後、源義経をかくまい頼朝に対抗する

愛妾《あいしょう》

我は牛若。お相手致そう……

No.1351 ▶P094

源《みなもとの》義経《よしつね》

頼る

戦の天才で、平氏追討の立役者。しかし兄の頼朝と対立し、奥州《おうしゅう》藤原《ふじわら》氏を頼り東北に逃れる

臣従《しんじゅう》

裏切る

息子

藤原泰衡《ふじわらのやすひら》

頼朝の命で源義経を攻撃。しかし頼朝の討伐を受け敗死した

No.2367 ▶P106

岩融《いわとおし》

弁慶が振るったとされる長大な薙刀《なぎなた》

武器

No.1346 ▶P096

武蔵坊弁慶《むさしぼうべんけい》

源義経に臣従《しんじゅう》した僧。義経の都落ちに従い、衣川《ころもがわ》の合戦では立ったまま死んだと伝わる

攻める

※モンストのキャラ設定は独自のものであり、一般的な歴史の解釈と一致しない部分があります。

平清盛《たいらのきよもり》

平氏《へいし》を繁栄《はんえい》させた
平安《へいあん》時代のカリスマ

character 24

源氏など、滅ぼしてくれようぞ!!

生 1118~1181
出 伊勢《いせ》（現・三重県）
幼 ——

美しくも怪しい蝶

死してなお幽霊船を率いて戦う清盛《きよもり》。平氏の死んだ将兵の魂が、平氏家紋に描かれる蝶の姿になって妖しく光る……

No.1358 ★★★★★★
平大相国《へいだいしょうこく》 平清盛《たいらのきよもり》
ストライクショット MIYAJIMA！
VOICE
SS 源氏など、滅ぼしてくれようぞ!!
逃 ——
倒 ——

平《たいらの》清盛《きよもり》は、武家政治の道を切り拓《ひら》いた平安時代の武士。天皇から信用され、平氏《へいし》の立場を高めた。

清盛はとても賢《かしこ》く、どうふるまえば権力を手にできるかをよく知っていた。

清盛は保元《ほうげん》の乱、平治《へいじ》の乱と、ふたつの戦いで勝利したので、平氏一門のひとりが「平氏にあらずんば人にあらず（平氏でない者は人としての権利を認められない）」と豪語するほど平氏は絶対的な立場になった。

日本の代表者として宋《そう》（中国）とも貿易を始めたが、後白河《ごしらかわ》法皇にうとまれて平氏の土台が揺るぎ始める。

そんななか、熱病に罹《かか》って倒れた清盛は「熱い、熱い」といいながら病死。清盛の死後、源頼朝《みなもとのよりとも》によって、平氏は滅亡に追い込まれた。

25 源《みなもとの》頼《より》朝《とも》

源氏《げんじ》復興のため奔走《ほんそう》
鎌倉《かまくら》幕府を開く

幼 鬼武者《おにむしゃ》、鬼武丸《おにたけまる》
出 尾張《おわり》（現・愛知県）
生 1147〜1199

あやつも、こやつも、討滅してくれる!!

No.1363 ★★★★★★

宇《う》迦《か》之《の》御《み》魂神《たまのかみ》憑《ひょう》依《い》 源頼朝《みなもとのよりとも》

ストライクショット 摩多羅

VOICE

SS あやつも、こやつも、討滅してくれる!!

逃 ——

倒 ——

妖怪が宿る妖刀《ようとう》

神化した頼朝《よりとも》は、妖刀に宿る狐の妖怪に体を乗っ取られている。源氏《げんじ》再興を強く願うあまり、妖怪につけ込まれてしまった

源《みなもとの》頼朝《よりとも》は平氏《へいし》を倒し、奥州藤原《おうしゅうふじわら》氏《し》を討伐した**鎌倉幕府の初代征夷大将軍《せいいたいしょうぐん》**。父を平清盛《たいらのきよもり》に殺された頼朝は、平氏を倒すために挙兵。一度は平氏に敗れて安房《あわ》（現・千葉県）に逃れたものの、その後は弟の義経《よしつね》とともに勝利を重ねて平氏を滅ぼした。

また、頼朝は鎌倉幕府を開き、それまで貴族が牛耳《ぎゅうじ》っていた政治を武士のものとした。

彼の行った武家政治のやり方は、のちに江戸幕府を開いた徳川家康《とくがわいえやす》も参考にしたという。**戦《いくさ》上手でイケメンだった弟・源義経《よしつね》に圧力をかけて自刃《じじん》に追い込んだ**ことから、頼朝には冷血なイメージがつきまとう。しかし東大寺《とうだいじ》を再建させるなど、信心深い一面もあったようだ。

character

26 源義経《みなもとのよしつね》

驚異の身体能力を持つ
平氏《へいし》討伐最大の功労者

生 1159～1189
出 ?
幼 牛若丸《うしわかまる》
別 九郎判官《くろうほうがん》、遮那王《しゃなおう》

鞍馬の神通、無双の力なり！

独自の武器

神化した義経《よしつね》は、両端が刃になった刀を使いこなして、頼朝《よりとも》の命令で差し向けられた敵たちを一掃する

鞍馬天狗《くらまてんぐ》の力を得る

師である鞍馬天狗《くらまてんぐ》の教えを受け、神通力《じんつうりき》を授かる。頭襟《ときん》（帽子）など天狗に似た衣服を身にまとい、敵と戦う

No.1353 ★★★★★★

鞍馬《くらま》の遮那王《しゃなおう》 源 義経《みなもとのよしつね》

ストライクショット 千本桜

VOICE

SS 鞍馬の神通、無双の力なり！

逃 ——

倒 ——

五条大橋《ごじょうおおはし》の美少年

弁慶《べんけい》と五条大橋で出会う場面の義経。長刀《ちょうとう》を携《たずさ》える美少年の義経は、ゆっくりと対峙《たいじ》する弁慶に向かって歩を進める

我は牛若。お相手致そう…

No.1351 ★★★★★

源 義経《みなもとのよしつね》

ストライクショット 陣太刀 膝丸

VOICE

SS 我は牛若。お相手致そう…

逃 ——

倒 ——

源《みなもとの》義経《よしつね》は幼名《ようみょう》を牛若丸《うしわかまる》といい、幼いころは天狗《てんぐ》に剣術を習ったとの伝承がある。その後、義経は東北の奥州藤原《おうしゅうふじわら》氏のもとに身を寄せていたが、兄・頼朝《よりとも》が平氏打倒のため挙兵したと聞き駆けつけた。そして義経は、平氏の軍勢を次々と打ち破る。

一ノ谷《いちのたに》の戦いでは、わずか70人の兵とともに騎乗《きじょう》のまま崖をかけくだり、敵を大混乱におとしいれて勝利した。さらに壇ノ浦《だんのうら》の戦いでは、海峡の潮の流れを読んで戦を勝利に導き、ついに平氏を滅ぼした。このとき義経は、屈強な敵将の猛追《もうつい》をかわすため船から船へと飛び移ったという。これは「義経の八艘《はっそう》飛び」と呼ばれる。

平氏追討に大きな手柄を立てた義経だったが、やがて兄・頼朝は義経を脅《きょう》威《い》と考えるようになった。それを知った義経は従者の弁慶《べんけい》とともに東北へと逃れたが、最後には頼朝の圧力によって自刃《じじん》に追い込まれた。

この顛末《てんまつ》から、強い者より弱い立場の者のほうに感情を寄せることを、義経がついていた判官《ほうがん》という役職にちなんで「判官びいき」というようになった。また、義経がとても戦上手であったことから、このとき義経は死んでおらず、モンゴルにわたってモンゴル帝国を築いたとの伝説も生まれた。

1911年に再建された仁王門《におうもん》。

源義経・ゆかりの地

鞍馬寺《くらまでら》

京都府京都市

源義経が修行をした寺として知られる。近くには義経が平氏打倒の兵を挙げたときに参籠《さんろう》した貴船《きふね》神社（京都府京都市）があり、義経ゆかりの地をめぐることができる。

武蔵坊弁慶《むさしぼうべんけい》

生 ?〜1189
出 ?
幼 鬼若《おにわか》
別 —

義経《よしつね》に忠義を誓《ちか》い、立《た》ち往生《おうじょう》した豪傑《ごうけつ》

御曹司には指一本触れさせぬ！

有名な弁慶《べんけい》の７つ道具

史実の弁慶は薙刀《なぎなた》、鉄の熊手《くまで》、大槌《おおづち》、大鋸《おおのこ》、刺又《さすまた》、突棒《つくぼう》、袖搦《そでがらみ》を武器にした。

神化した弁慶も同じ武器を使う

弁慶《べんけい》の泣きどころ

弁慶ほど屈強でも、蹴られれば泣くほど痛い向こうずね。神化した弁慶は、頑丈なすね当てで向こうずねを完全ガード

No.1348 ★★★★★★

忠義《ちゅうぎ》の僧兵《そうへい》 武蔵坊弁慶《むさしぼうべんけい》

ストライクショット　弁慶の立ち往生

VOICE

SS 御曹司には指一本触れさせぬ！
逃 ——
倒 ——

千本目の刀、貰い受ける！

刀コレクター

弁慶《べんけい》は、五条大橋《ごじょうおおはし》で通りかかった人の刀を 999 本も強奪したという。進化前の弁慶は、奪った刀をたくさん背中に差す

No.1346 ★★★★★

武蔵坊弁慶《むさしぼうべんけい》

ストライクショット　刀狩り

VOICE

SS 千本目の刀、貰い受ける！
逃 ——
倒 ——

武《む》蔵《さし》坊《ぼう》弁《べん》慶《けい》は源《みなもとの》義経《よしつね》の家来で、怪力の猛者《もさ》だった。弁慶には数々のエピソードが残り、創作作品では、白い頭巾《ずきん》を被って薙刀《なぎなた》を振る僧兵《そうへい》の姿で描かれることが多い。弁慶は幼い頃に比叡山《ひえいざん》（京都府と滋賀県の間にある山）の延暦寺《えんりゃくじ》に入るが、勉学を嫌う乱暴者だったこともあって、ここを出た。そして自分で頭を剃ったという。日本各地で乱暴を繰り返していた弁慶だが、京都で義経と勝負をすることになった。腕に覚えのあった弁慶だったが、身軽で武術に優れる義経に敗れる。弁慶は義経に降参し、忠実な家来として仕えることになった。平氏《へいし》打倒の戦いにも参加し、存分に力を発揮。義経が頼朝に追われて東北に逃れたときも、弁慶は同行し、勇敢《ゆうかん》に戦った。最後は義経を守るために体中に矢を受け、矢がはりねずみのように刺さりながらも倒れず、立ったまま絶命。これを「弁慶の立《た》ち往生《おうじょう》」という。

　また弁慶ほどの豪傑《ごうけつ》でも打たれると痛がるということから、すねは「弁慶の泣きどころ」といわれている。

　このように弁慶にちなんだ言葉は数多くつくられている。主君のために命をかけた弁慶が後世の人々に親しまれ、強さと忠誠心に尊敬の念が持たれていたことがわかる。

794年に創建されたと伝わる。

武蔵坊弁慶・ゆかりの地

五條天神社《ごじょうてんじんしゃ》

京都府京都市

ふたりが戦ったのは五条大橋《ごじょうおおはし》（京都府京都市）である。別の説では、京の都を夜な夜な徘徊《はいかい》して、道ゆく人と力比べをしていた弁慶が義経と初めて出会い戦ったのは五條天神社ともいわれる。

源平《げんぺい》争乱と源義経《みなもとのよしつね》

源氏《げんじ》を下し、武士として初めて政治の頂点に立った平清盛《たいらのきよもり》。しかし、全国に散らばった源氏たちが次々と挙兵した。

EPISODE 1

平安時代末期、平氏《へいし》の棟梁《とうりょう》・平清盛は太政大《だいじょうだい》臣《じん》（①）にまでのぼりつめた。しかし後白河《ごしらかわ》法皇《ほうおう》は平氏の成長に恐れを感じ、法皇の三男・以仁王《もちひとおう》が源氏に平氏打倒を呼びかけた。かつて平治《へいじ》の乱（②）で平氏に没落《ぼつらく》させられた各地の源氏は、これに応《こた》えて挙兵した。

START

EPISODE 2

まずは伊豆《いず》に幽閉《ゆうへい》されていた源 頼朝《みなもとのよりとも》が挙兵《きょへい》し、奥州藤原《おうしゅうふじわら》氏のもとに身を寄せていた弟の義経がこれに合流した。木曽《きそ》では源 義仲《みなもとのよしなか》が挙兵し、大軍を率いて京都に迫った。しかし清盛は熱病で死に、平氏一門は安徳天《あんとく》皇（③）とともに西国へと逃れていった。

エピソード編成

後白河親王《ごしらかわしんのう》は1155年に天皇となったが、わずか3年後に譲位《じょうい》して院政《いんせい》を行った。源平《げんぺい》を対立させた張本人。

メイン

源義経

▶ p094

サブ1

平清盛

▶ p092

サブ2

源頼朝

▶ p093

サブ3

静御前

▶ p102

サブ4

源義仲

▶ p103

EPISODE 3

京都に入った義仲は後白河法皇の歓迎を受けたが、義仲の軍が乱暴すぎたため、法皇はひそかに頼朝へ義仲を討つよう命じた。
そこで頼朝は義経らを派兵して義仲を討った。さらに義経は、一ノ谷《いちのたに》の戦い、屋島《やしま》の戦いで平氏を破り、壇ノ浦《だんのうら》の戦いで平氏を滅ぼした。

EPISODE 4

ところが義経は、法皇から勝手に位《くらい》を受けたことで頼朝の怒りを買ってしまっていた。そのため、鎌倉《かまくら》で兄と勝利を分かち合えなかった義経は、約1万の軍勢と愛妾《あいしょう》・静御前《しずかごぜん》を引き連れて西国へと向かった。やがて軍勢はちりぢりになり、義経は静御前と別れた。

EPISODE 5

頼朝の追討《ついとう》を逃れた義経は、ごく少数の家来とともに奥州藤原氏のもとへ落ち延びていった。藤原氏の当主・秀衡《ひでひら》は義経をあたたかく迎えたが、まもなく病没。その後、義経は秀衡の子・泰衡《やすひら》の裏切りにあい自刃《じじん》、のちに泰衡も頼朝に攻められて奥州藤原氏は滅亡した。

GOAL

KEY WORD

①太政大臣

律令制の最高官で、平安時代以降はほとんど藤原氏の系統で占められた。貴族としての最高位にあたり、平清盛は武士として初めてこの官に任じられた。

②平治の乱

1159年に京都で起きた戦乱。平清盛と源義朝《よしとも》（頼朝・義経の父）が争い、敗れた義朝は殺された。頼朝は伊豆《いず》に流され、清盛が政治の実権を握った。

③安徳天皇

高倉《たかくら》天皇の第1皇子《おうじ》として生まれた天皇で、母は平清盛の娘の建礼門院《けんれいもんいん》徳子《とくこ》。源平合戦では平氏一門とともに逃れ、壇ノ浦《だんのうら》で三種《さんしゅ》の神器《じんぎ》とともに入水《じゅすい》。

朝廷《ちょうてい》内の対立と源平《げんぺい》合戦前夜

平氏《へいし》と源氏《げんじ》はなぜ対立した？

平氏も源氏も、**元・皇族（①）**が地方の荒れ地を開拓して、その開拓者たちをまとめあげて武士となった。ではなぜ両氏は対立することになったのか。その由来は、京都での朝廷内の対立である。

平安時代後半は、朝廷の政治を思うままに動かしていた藤原《ふじわら》氏と、それが気に食わない天皇ら皇族が対立していた。また藤原氏や皇族の中でもそれぞれ主導権争いが繰り広げられていた。

平氏と源氏は、京都に返り咲いて朝廷で高い役職につき、一族の格を上げたかった。両氏は自分の土地を守るため武装していたので、その武力を元に京都での争いに参戦。おおむね平氏は皇族、源氏は藤原氏に自分の武力を売り込み、両氏は１１５９年の**平治《へいじ》の乱（②）**で衝突《しょうとつ》して対立がはっきりした。この乱で平清盛《たいらのきよもり》が大活躍したことで、平氏全盛期につながった。逆に源氏の中心人物だった**源義朝《みなもとのよしとも》（③）**はこの乱で敗死し、源氏は京都

KEY WORD

①元・皇族
皇族は朝廷からお金をもらっていたが、朝廷のお金不足が原因で天皇が皇子《おうじ》を皇族から追い出し、これが源平の先祖となる。

②平治の乱
後白河法皇《ごしらかわほうおう》と二条《にじょう》天皇という皇族内の対立が、それぞれに味方する藤原氏や源平両氏を巻き込み大きくなった戦い。

③源義朝
頼朝《よりとも》の父。頼朝の挙兵に関東の武士たちが多数応じたのは、義朝が京都で活躍して高い役職を得ていたことが一因である。

からほぼ締め出される。

　しかし源氏は地方で力を蓄えていた。平氏の独裁に反発が広まった頃、源頼朝らが平氏打倒へ立ち上がり、治承《じしょう》・寿永《じゅえい》の乱（源平合戦）が始まることとなる。

音戸《おんど》の瀬戸《せと》の開削工事で、平清盛が沈む太陽を呼び戻したという「日招き伝説」を描いた絵図。

『芳年武者无類　平相国清盛』月岡芳年（国立国会図書館蔵）

天皇家と源氏・平氏の系譜《けいふ》

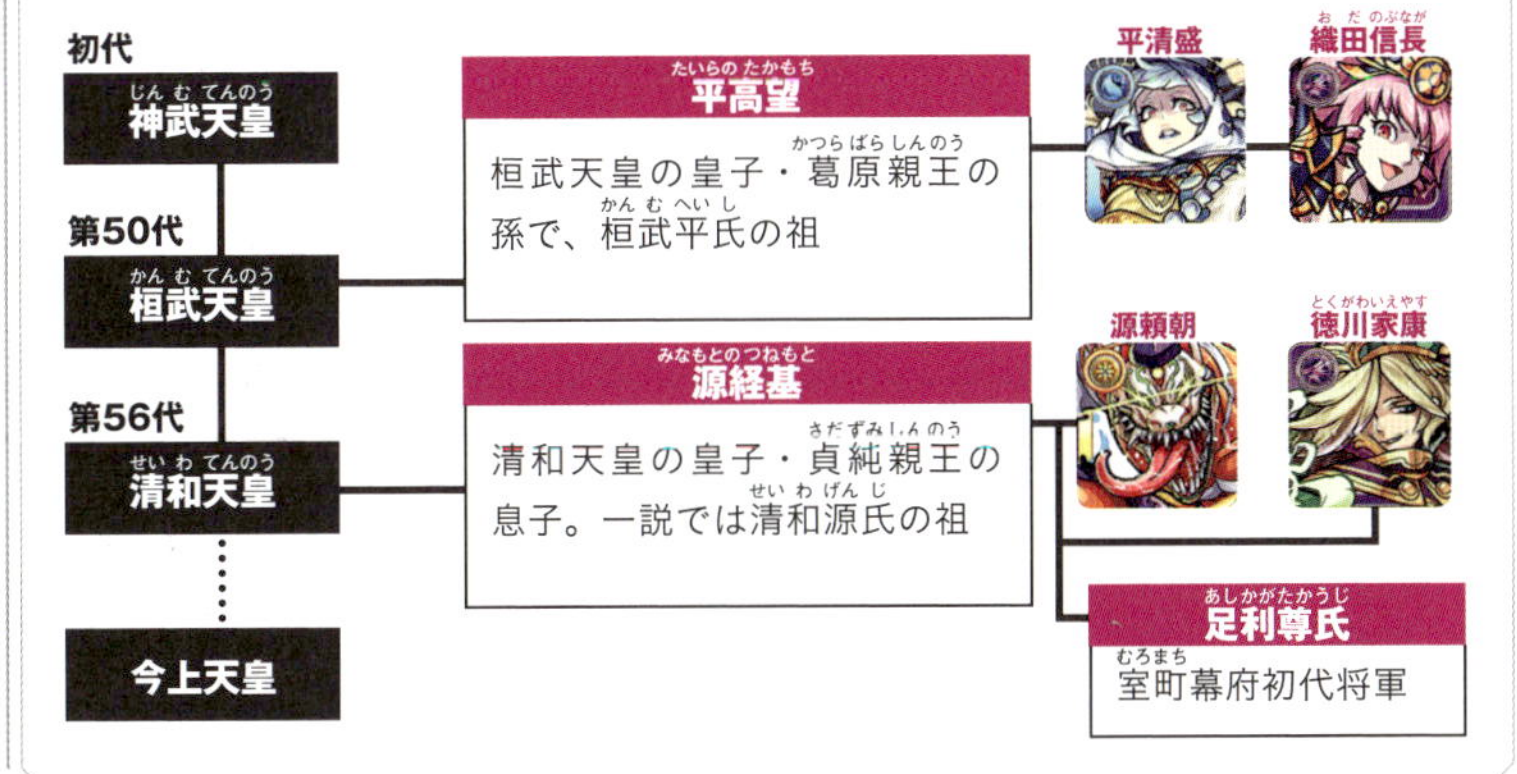

とくに天皇家にゆかりの深い4つの氏族、源氏、平氏、藤原《ふじわら》氏、橘《たちばな》氏を「源平藤橘《げんぺいとうきつ》」という。源氏と平氏はいずれも天皇家に由来するが、臣籍降下《しんせきこうか》（皇族が身分を離れて臣下《しんか》となること）によって武家となった。戦国時代には、織田信長《おだのぶなが》は平氏を、徳川家康《とくがわいえやす》は源氏を称した。

静《しず》御《か》前《ごぜん》

義経《よしつね》を愛《あい》した
美《うつく》しい舞姫《まいひめ》

character
28

義経様、共に闘いまする!

生	出	幼
?〜?	?	―

義経《よしつね》のために戦う

神化の静《しずか》御《ご》前《ぜん》は愛する義《よし》経《つね》と奥州《おうしゅう》へ逃げ、頼朝《よりとも》の軍と戦う。舞で磨いた軽《かる》業《わざ》で動きまわり、思いもよらぬ体勢から弓を射る

No.1343 ★★★★★★
絶世《ぜっせい》の舞姫《まいひめ》 静《しずか》御《ご》前《ぜん》

ストライクショット 緋連雀の一矢

VOICE

SS 義経様、共に闘いまする!
逃 ――
倒 ――

静《しずか》御《ご》前《ぜん》は平安《へいあん》時代に生まれた踊り子である。踊りが上手なだけでなく、舞《まい》には神秘的な力があり、静御前の「雨乞《あまご》いの舞」のあとには、雨が降り始めたという。その華麗な舞を見て、源義経《みなもとのよしつね》は恋に落ちた。

静御前と義経は深く愛しあった。しかし源頼朝《よりとも》が義経を亡《な》き者にしようと大軍を送り、ふたりは離ればなれになる。やがて頼朝の兵にとらえられて鎌倉に送られた静御前は、頼朝の前で義経を慕《した》う歌をうたったという。

また、このとき静御前は義経の子を身ごもっていたといわれ、頼朝は「女なら助けるが、男なら殺す」と冷酷《れいこく》に告げた。しかし不運にも男の子が生まれたため、静御前の赤ん坊は由比ケ浜《ゆいがはま》で沈められたと伝わる。

character
29

平家など平らげてくれるわ!

木曽義仲《きそよしなか》

生 1154～1184
出 ?

「巴《ともえ》」のお守り

進化後の義仲《よしなか》は、「巴」の一字が縫い付けられたお守りを首から下げる。ともに戦う仲間・巴御前《ともえごぜん》から貰ったお守りという噂がある

倶《く》利《り》伽《か》羅《ら》峠《とうげ》の戦いで平氏《へいし》4万騎以上を、5千ほどの軍で破る。一度は征東大将軍《せいとうたいしょうぐん》となったが、京を荒したため、頼朝と義経に討たれた。

No.1355 ★★★★★

旭将軍《あさひしょうぐん》 木曽義仲《きそよしなか》

ストライクショット 百烈旭焔拳

VOICE

SS 平家など平らげてくれるわ!

逃 平家の武士もなかなかのものよ…

倒 旭将軍と恐れられた、このワシが～…!!

character
30

青葉の笛よ、軍場に鳴り響け…

平敦盛《たいらのあつもり》

生 1169～1184
出 ?

蝶《ちょう》が舞《ま》う笛の調《しら》べ

史実の敦盛《あつもり》は笛の名手だった。進化した敦盛は、美しい笛の音色を奏で、周囲には家紋になるなど平氏《へいし》と縁のある「蝶」が舞う

平氏の美男子。一ノ谷《いちのたに》の戦いに16歳で参戦。逃走中に「逃げるな」と言われ、戦うが敗北。敦盛《あつもり》は「首を取ると手柄になる」と言って潔く首をとらせた。

No.1365 ★★★★★

端麗《たんれい》なる笛《ふえ》の名手《めいしゅ》 平敦盛《たいらのあつもり》

ストライクショット 水際に響く旋律

VOICE

SS 青葉の笛よ、軍場に鳴り響け…

逃 勝負はまだまだこれからですよ…

倒 あなたに討たれるなら…本望です…

地図で読み解く 源《げん》平《ぺい》合戦

太政大臣《だいじょうだいじん》という最高位に上り詰めた平清盛《たいらのきよもり》だったが、やがて平氏《へいし》は源氏《げんじ》によって滅ぼされる。

武士の時代の到来

武士の時代の幕開けとなった源平の時代、その覇権《はけん》を争って各地で戦いが繰り広げられた。繁栄《はんえい》を謳歌《おうか》した平清盛とその一門は源氏によって討たれ、その平《へい》氏《し》を兄・源頼朝《みなもとのよりとも》とともに滅ぼした源義経《よしつね》も、やがて兄によって滅ぼされた。

こうして訪れた武士の時代は、こののち600年以上にわたって続くことになる。

絵解き

源平合戦の推移

9 衣川《ころもがわ》の戦い
1189年6月
藤原秀衡《ふじわらのひでひら》の子・泰衡《やすひら》が頼朝
の命により義経を襲い、義
経が自刃《じじん》

『芳年武者无類　武蔵坊弁慶・九郎判官源義経』（国立国会図書館蔵）

源平合戦とかかわりのある
その他のモンストキャラ

No.1345 ★★★★★
兵法師範《へいほうしはん》 鞍馬天狗《くらまてんぐ》

ストライクショット 授業中に居眠りとは何事かぁ〜!

VOICE

SS 授業中に居眠りとは何事かぁ〜!

逃 ——

倒 ——

鞍馬山《くらまやま》（京都）の奥に住んでいるという大天狗。義経《よしつね》に剣術を教えたという伝説があり、能《のう》の演目にもなっている

No.1350 ★★★★★
グレート・ヒデヒラ

ストライクショット ゴールデン・ヒライズミ

VOICE

SS 鎌倉の好きにはさせぬぞ〜!

逃 ——

倒 ——

史実での名は藤原秀《ふじわらのひで》衡《ひら》。平氏《へいし》全盛期、秀衡は奥州《おうしゅう》で独自の勢力を保っていた。平氏滅亡後、頼朝《よりとも》と対立する

8 壇ノ浦《だんのうら》の戦い

1185年4月

義経が水軍を駆使して勝利。平氏が滅亡し、安徳《あんとく》天皇も入水《じゅすい》

6 一ノ谷《いちのたに》の戦い

1184年3月

義経が一ノ谷の断崖《だんがい》を馬で駆け下る奇襲を仕掛けて平氏の軍に勝利

源義仲

源義経

源義経の逃走路

※源義経の逃走路は推定

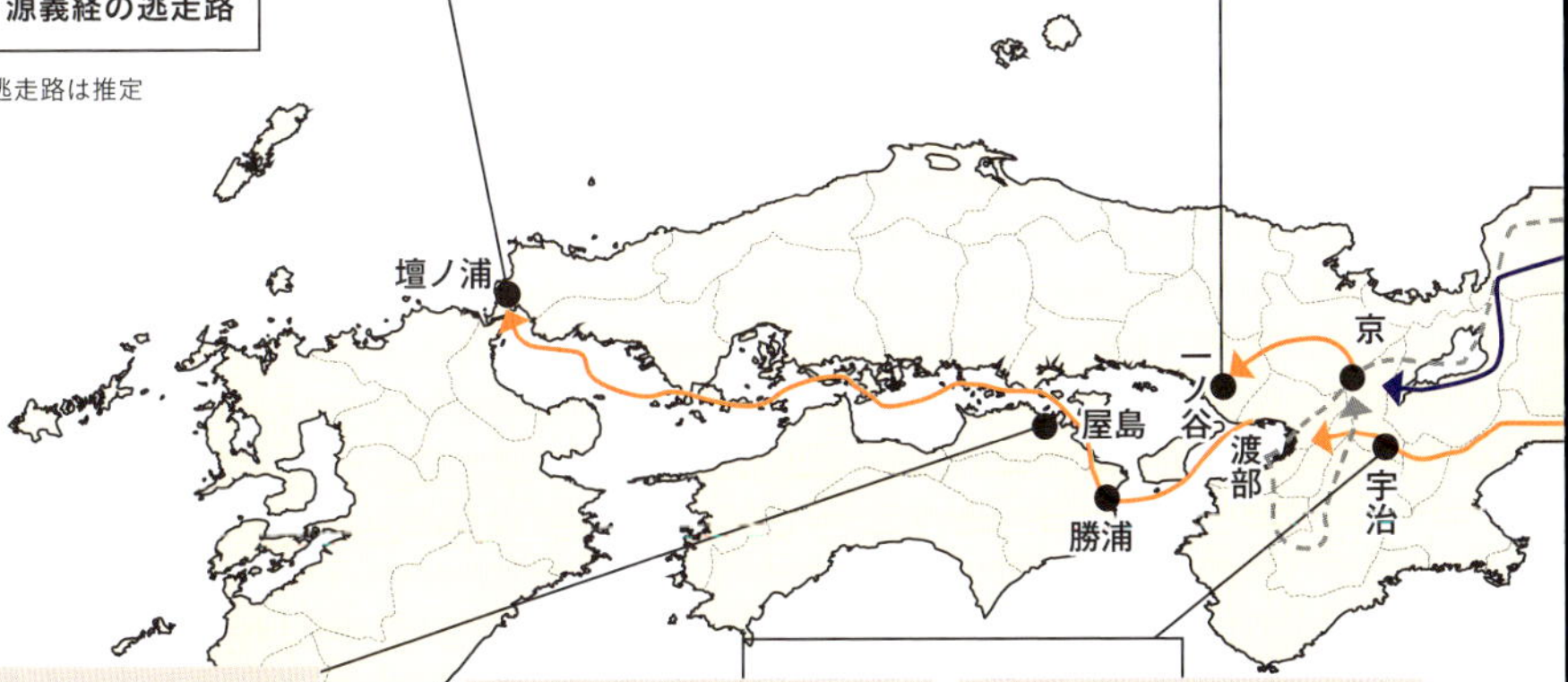

7 屋島《やしま》の戦い

1185年3月

義経が平宗盛《むねもり》の陣所を急襲。弓の名手・那須与一《なすのよいち》の活躍で有名

5 宇治川《うじがわ》の戦い

1184年3月

後白河法皇《ごしらかわほうおう》が頼朝に義仲追討を命じ、義経《よしつね》が義仲を討った

1 宇治平等院《うじびょうどういん》の戦い

1180年6月

以仁王《もちひとおう》の呼びかけで源頼《みなもとのより》政《まさ》が挙兵。平氏に敗れ以仁王も戦死

岩融《いわとおし》

弁慶《べんけい》の立《た》ち往生《おうじょう》を
支《ささ》えた巨大《きょだい》な薙刀《なぎなた》

character
31

最後の一人になろうとも、
決して倒れはせぬ！

幼 出 生

主《あるじ》を守る

モンストの岩融《いわとおし》は薙刀《なぎなた》に宿った荒《あら》御《み》魂《たま》が具現化した姿。主《あるじ》である弁慶《べんけい》への忠義を貫き、最後のひとりになろうとも戦い抜く

No.2369 ★★★★★★
忠義《ちゅうぎ》の武具《ぶぐ》 岩融《いわとおし》

ストライクショット 立ち往生支えし力

VOICE

SS 最後の一人になろうとも、決して倒れはせぬ！
逃 ——
倒 ——

モンストでは人の姿をしているが、史実で岩融《いわとおし》は武蔵坊弁慶《むさしぼうべんけい》が所持していたとされる大薙刀《おおなぎなた》だ。岩融は非常に大きく、**刃の部分だけでも約1mあったという**。平安時代の刀工・三条宗近《さんじょうむねちか》の作という伝説がある。

弁慶の主《あるじ》・源《みなもとの》義経《よしつね》が、比叡山《ひえいざん》の悪僧たちに庇護された伝承がある。そのエピソードが脚色され、僧侶・弁慶と大薙刀・岩融が同時に創作されたと考えられている。また、文献によっては弁慶が振るうのは薙刀・岩融だけではなく、刀・岩透《いわとおし》とするものもある。

弁慶は7つ道具を操る武人だが、持ち物のなかで唯一・岩融のみ名前がつけられている。このことからも、弁慶が別格扱いで岩融を大切にしていたと想像できる。

PART 04

維《い》新《しん》の英《えい》傑《けつ》

モンストに登場する
幕末の英傑

幕末の動乱を生きた志士《しし》たちは、新しい日本を作るために自らの命をかけた。

No.489 ▶P112

おりょう

寺田屋《てらだや》で襲撃された坂本龍馬を救った女傑《じょけつ》。夫の龍馬と日本初の新婚旅行へ行った

幕臣

No.502 ▶P120

徳川慶喜《とくがわよしのぶ》

江戸幕府最後の将軍。朝廷に政権を返上し、戊辰《ぼしん》戦争で江戸城を明け渡した

No.487 ▶P121

勝海舟《かつかいしゅう》

智勇に優れた幕臣《ばくしん》で、咸《かん》臨丸《りんまる》で太平洋を横断。西郷隆盛と会見して江戸城無血開城を実現

Close Up

松平容保《まつだいらかたもり》

会津《あいづ》藩主《はんしゅ》。京都《きょうと》守護《しゅご》職《しょく》に任命され、京都の治安維持につとめた

指揮

新選組《しんせんぐみ》

No.507 ▶P124

土方歳三《ひじかたとしぞう》

新選組副長《ふくちょう》。鳥羽《とば》・伏見《ふしみ》の戦いに敗れたのちも新政府軍に抵抗し、五稜《ごりょう》郭《かく》で戦死する

No.505 ▶P124

近藤勇《こんどういさみ》

新選組局長。幕末の京都で活躍し幕臣《ばくしん》にまで取り立てられるが、新政府軍に敗れ斬首《ざんしゅ》された

No.497 ▶P125

斉藤一《さいとうはじめ》

新選組副長助勤、三番隊組長。沖田総司、永倉新《ながくらしん》八《ぱち》とならび最強の剣士といわれた

No.499 ▶P125

沖田総司《おきたそうじ》

新選組副長助勤《じょきん》、一番隊組長。池田屋《いけだや》事件などで活躍するも、肺病が原因で病没する

※写真掲載の人物は「モンスト」登場キャラクターではありません

写真/『近世名士写真 其1』(大久保利通、三条実美)、『近世名士写真 其2』(島津久光、高杉晋作)、『憲政五十年史 画譜』(岩倉具視、桂小五郎)、『幕末明治文化変遷史』(松平容保)[いずれも国立国会図書館蔵]

公家《くげ》

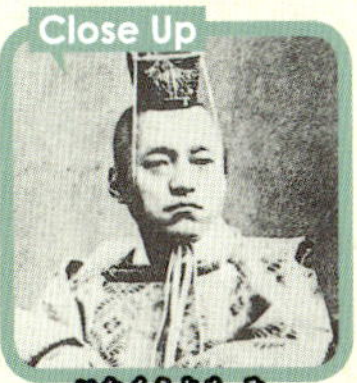

Close Up

岩倉具視《いわくらともみ》

はじめは尊攘派の公家と対立。のちに倒幕《とうばく》派に転じた

Close Up

三条実美《さんじょうさねとみ》

公家尊攘《そんじょう》派の中心人物。のちに対立勢力に敗れ長州に逃れる

No.492 ▶P121

ジョン万次郎《まんじろう》

土佐《とさ》の漁師の息子で、出漁中に遭難《そうなん》したところを助けられ、アメリカで教育を受けた

提携

長州《ちょうしゅう》

Close Up

高杉晋作《たかすぎしんさく》

奇兵隊《きへいたい》を組織し、軍事面で長州藩を先導したが29歳で病没

Close Up

桂小五郎《かつらこごろう》

維新の三傑のひとりとされる討幕の志士。のちの木戸孝允《きどたかよし》

親交

貫け！
ストライク
ショット〜〜！

No.484 ▶P110

坂本龍馬《さかもとりょうま》

土佐を脱藩《だっぱん》後、勝海舟《かつかいしゅう》に師事。薩長《さっちょう》同盟の成立に尽力《じんりょく》したが、維新を見ぬまま暗殺される

夫婦

師弟

提携

敵対ののち同盟

仲介

親交

親交・会談

薩摩《さつま》

Close Up

島津久光《しまづひさみつ》

はじめは幕府と朝廷の協調を主張したが、のちに討幕を決断

家臣

Close Up

大久保利通《おおくぼとしみち》

西郷隆盛とともに維新の三傑のひとりとされる薩摩藩士

盟友

No.494 ▶P118

西郷隆盛《さいごうたかもり》

薩摩藩士。薩長同盟を成立させ、戊辰戦争では戦いの指揮をとり討幕をはたした

※モンストのキャラ設定は独自のものであり、一般的な歴史の解釈と一致しない部分があります。

character 32

坂本《さかもと》龍馬《りょうま》

生 1835～1867

出 土佐《とさ》（現・高知県）

幼 ―

別 直陰《なおかげ》、直柔《なおなり》、才谷梅太郎《さいたにうめたろう》

薩長《さっちょう》をつなげて日本の近代化に寄与

維新回天！ドラゴンスピリット！

炎を宿す左手

獣神化によってバハムートに食いちぎられた左腕が炎を宿して復活。新たな力を手に入れた

洋風の衣服

史実では、海外に目を向けていた龍馬《りょうま》。モンストでもオーバーコートやブーツなど洋服を、着物と合わせて着こなす

No.2108 ★★★★★★

維新回天《いしんかいてん》の英傑《えいけつ》 坂本龍馬《さかもとりょうま》

ストライクショット 維新回天ドラゴンスピリット

VOICE

SS 維新回天！　ドラゴンスピリット！

逃 ――

倒 ――

剣の達人

抜刀せんと構える進化前の龍馬。龍馬は神化で銃を武器にしているが、北辰一刀流《ほくしんいっとうりゅう》で腕を磨いた剣の達人でもある

貫け！

No.484 ★★★★★

坂本龍馬《さかもとりょうま》

ストライクショット 日本の夜明けぜよ！

VOICE

SS 貫け！　ストライクショット～～！

逃 ――

倒 ――

幼い頃は泣き虫で、よくおねしょをしていたという坂本龍馬《さかもとりょうま》。そんな彼を母親代わりに厳しく育てたのが龍馬の姉・坂本乙女《おとめ》である。龍馬は生涯、姉に頭が上がらず、日々の出来事を細かく手紙で報告していた。

ひ弱な龍馬を変えたのは剣術だった。郷里《きょうり》の道場だけでは飽《あ》き足らず江戸に剣術修行に出た龍馬は、北辰一刀流《ほくしんいっとうりゅう》で有名な千葉《ちば》道場で塾頭《じゅくとう》を務めるまでに成長。剣の腕前はかなりのものだった。

龍馬はその後も剣術修行を理由に、何度か江戸を訪れ、全国各地を旅している。そこで見聞きした経験や出会った人々との交流は、龍馬の支えとなり、原動力ともなった。

そして勝海舟《かつかいしゅう》との出会いが、龍馬の人生を決定的に変えた。はじめは開国《かいこく》論者《ろんじゃ》の海舟を斬《き》るのを目的として訪問した龍馬だったが、話すうちに感服。龍馬はその場で海舟に弟子入りした。翌年、海舟が「神戸海軍操練所《こうべかいぐんそうれんじょ》」を開設すると、龍馬は航海術を学ぶ。そして日本初の商社・亀山社中《かめやましゃちゅう》（後の海援隊《かいえんたい》）を結成。海上運送のかたわら、薩摩《さつま》と長州《ちょうしゅう》の和解による「維新回天《いしんかいてん》」を実現すべく奔走《ほんそう》した。この時期に、おりょうと出会い結婚。結婚の翌年、龍馬は京都で暗殺された。

現在、桂浜には龍馬の像が立つ。

坂本龍馬・ゆかりの地

桂浜《かつらはま》

高知県高知市

桂浜に立つ、和服にブーツ姿の龍馬像。台座を含めて13.5 mの高さがある。地元有志の募金により、昭和初期に完成。龍馬が日本海軍成立の祖であることから、戦時中の金属拠出《きょしゅつ》を免《まぬが》れている。

character 33

おりょう

生 1841(?)〜1906

出 山城《やましろ》(現・京都府)

幼 ―

別 楢崎龍《ならさきりょう》、お龍《りょう》、西村《にしむら》ツル

龍《りょう》馬《ま》を恋に落とした幕末の美女

逃がさへんえ?

龍《りょう》馬《ま》を落とした秘密

史実の龍馬は、勝ち気で男勝りな女性がタイプだったという。神化のおりょうは男性顔負けの強さを持つ

史実でも使った短刀

史実のおりょうは勝ち気だった。売られた妹を取り返しに、懐《ふところ》に短刀を忍ばせて大坂に乗り込み、妹を連れ戻したという

No.491 ★★★★★★

幕末《ばくまつ》の強女《きょうおんな》 おりょう

ストライクショット 寺田屋スパーク

VOICE

SS 逃がさへんえ? ストライクショット!

逃 ——

倒 ——

美貌《びぼう》

史実でおりょうは、龍馬の周囲から美人と評判だった。龍馬は「お龍《りょう》さん」と呼んで手を握ったり、よく笑いあったりと仲がよかった

覚悟はよろしおすな?

No.489 ★★★★★

おりょう

ストライクショット ハニー・ムーン

VOICE

SS 覚悟はよろしおすな? ストライクショット!

逃 ——

倒 ——

本名は楢崎龍《ならさきりょう》。父は医師で、若い頃は裕福な家庭に育ち、華《か》道《どう》、茶道《さどう》、香道《こうどう》などに親しんでいたという。ちなみに料理は苦手だった。

20歳頃に父が亡《な》くなると貧しくなり、母がだまされて妹たちを身売りしてしまう。おりょうはそれを聞くとすぐに妹を取り返しに向かった。そのとき、おりょうは刃物を手にし、男2人を相手に「殺せ、殺せ、殺されにはるばる大坂に来たんだ」と死ぬ覚悟で叫んだ。

その武勇伝は坂本龍馬《さかもとりょうま》の手紙に残されている。おりょうは妹を取り返した後の1864年頃に、龍馬と出会う。龍馬とおりょうは並んで町を出歩いたが、当時、男女同行はまだ非常識なことだった。ふたりは、現在のカップルのような距離感でデートをしていたという。

全国を転々とする龍馬は、おりょうをなじみの宿「寺田屋《てらだや》」に預けた。ある日、龍馬が寺田屋に宿泊していると、奉行所《ぶぎょうしょ》の一団が襲撃してきた。すぐに気づいたのが入浴中のおりょうで、裸のまま龍馬にその危機を伝えた。龍馬は両手を負傷したが、難を逃れた。

ふたりは間もなく結婚。龍馬の手のけがが治ったあと、薩摩《さつま》（現・鹿児島県）の温泉へ向かう。これが日本初の「新婚旅行」だとされている。

おりょう・ゆかりの地

寺田屋《てらだや》

京都府伏見《ふしみ》区

伏見の船宿で、幕末には様々な事件の舞台となった。特に薩摩藩士の同士《どうし》討ちは「寺田屋騒動」として有名である。鳥羽《とば》・伏見の戦いで当時の建物は焼けてしまい、後に再建。現在は見学、宿泊ができる。

再建された寺田屋には連日観光客が集まる。

大政奉還《たいせいほうかん》と戊辰《ぼしん》戦争

黒船が来航し日本中が混乱におちいるなか、最後の将軍・徳川慶喜《とくがわよしのぶ》は朝廷《ちょうてい》に政権を返上したが、倒幕《とうばく》運動が治まることはなかった。

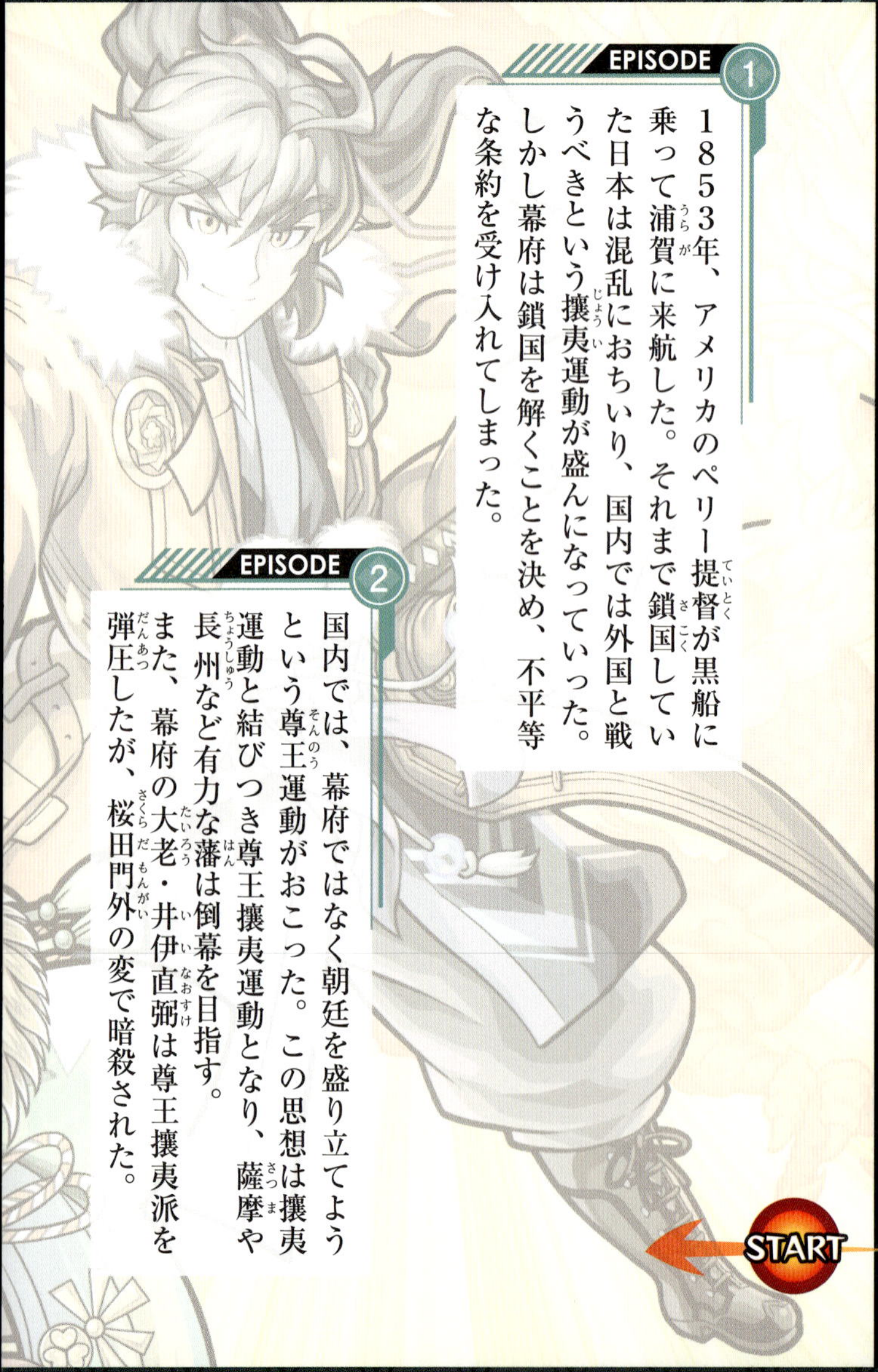

EPISODE 1

1853年、アメリカのペリー提督《ていとく》が黒船に乗って浦賀《うらが》に来航した。それまで鎖国《さこく》していた日本は混乱におちいり、国内では外国と戦うべきという攘夷《じょうい》運動が盛んになっていった。しかし幕府は鎖国を解くことを決め、不平等な条約を受け入れてしまった。

EPISODE 2

国内では、幕府ではなく朝廷を盛り立てようという尊王《そんのう》運動がおこった。この思想は攘夷運動と結びつき尊王攘夷運動となり、薩摩《さつま》や長州《ちょうしゅう》など有力な藩《はん》は倒幕を目指す。また、幕府の大老《たいろう》・井伊直弼《いいなおすけ》は尊王攘夷派を弾圧《だんあつ》したが、桜田門外《さくらだもんがい》の変で暗殺された。

エピソード編成

黒船来航で日本は混乱。国内では尊王《そんのう》運動がおこり、薩長《さっちょう》同盟が成立。倒《とう》幕《ばく》運動は加速し、戦争もはじまった。

メイン

坂本龍馬
▶p110

サブ1

徳川慶喜
▶p120

サブ2

西郷隆盛
▶p118

サブ3

勝海舟
▶p121

EPISODE 3

幕府は朝廷と協力してこの危機に立ち向かおうとしたが、土佐《とさ》を脱藩《だっぱん》した浪人《ろうにん》・坂本龍馬《さかもとりょうま》が犬猿《けんえん》の仲だった薩摩藩と長州藩の間をとりもって薩長同盟《さっちょうどうめい》が成立。討幕運動は加速していった。そして内乱を避《さ》けたいと考えた将軍・徳川慶喜《とくがわよしのぶ》は**大政奉還**（①）を行った。

EPISODE 4

大政奉還は、龍馬の**「船中八策《せんちゅうはっさく》」**（②）をもとに、土佐藩主が幕府に建白《けんぱく》したことで実現した。しかし1カ月後、龍馬は暗殺された。薩長はまだ実権《じっけん》の残る徳川家を倒そうと、官《かん》軍《ぐん》（新政府軍）であることを示す錦《にしき》の御旗《みはた》をかかげて旧幕府軍と戊辰戦争をはじめた。

EPISODE 5

新政府軍は京都から江戸に攻めのぼるが、旧幕府軍代表の勝海舟《かつかいしゅう》が新政府軍代表の西郷隆《さいごうたか》盛《もり》を説得し、江戸城《えどじょう》の無血開城《むけつかいじょう》が実現。その後も旧幕府軍と諸藩は新政府軍と戦ったが、箱館《はこだて》の**五稜郭《ごりょうかく》**（③）まで追い詰められて新政府軍に降伏。戊辰戦争は終結した。

KEY WORD

①大政奉還

政権を朝廷に返上すること。1867年10月、江戸幕府第15代将軍の徳川慶喜が政権を朝廷に返上することを申し入れ、朝廷がそれを受け入れた。

②船中八策

坂本龍馬が長崎から京都へ向かう船中で、土佐藩の後藤象二《ごとうしょうじ》郎《ろう》に示したという8ヵ条の新国家構想。これを後藤が土佐藩主・山内容堂《やまうちようどう》に進言した。

③五稜郭

北海道の函館市にある日本最初の洋式城郭《じょうかく》。オランダの築城《ちくじょう》書を参考にして江戸幕府が建設したもので、星形をしていることからその名がついた。

幕府滅亡を招いた尊王攘夷《そんのうじょうい》運動

攘夷《じょうい》の不可能を悟り、倒幕《とうばく》へと転換した「薩長《さっちょう》」

アヘン戦争（①）で清国《しんこく》が敗れたことは、イギリスの軍事力が圧倒的だったこととあわせ、衝撃的な情報として幕末の日本に届いた。江戸幕府が「異国船打払令《いこくせんうちはらいれい》」を廃止し、遭難《そうなん》した外国船への「薪水給与令《しんすいきゅうよれい》」を発したのもちょうどこの時期のことである。

その後、ペリーの黒船来航、総領事ハリスの駐日などを経て、幕府はアメリカと「日米修好通商条約」（②）を結ぶ。天皇の許可を得られないままの調印だった。これには「天皇を尊重し、外国勢力を排除すべき」とする「尊王攘夷《そんのうじょうい》」派が強く反発した。幕府の大老《たいろう》・井伊直弼《いいなおすけ》は尊王攘夷論者を投獄《とうごく》、処刑したが（安政《あんせい》の大獄《たいごく》）、下級武士を中心とした運動は激しさを増し、直弼は暗殺されることになる（桜田門外《さくらだもんがい》の変）。

さて、安政の大獄で処刑された吉田松陰《よしだしょういん》のいた長州《ちょうしゅう》藩では幕府への怒りが激しさを増し、尊王攘夷は倒幕運動へと変化。一方、薩摩《さつま》藩はイギリ

KEY WORD

①アヘン戦争
清国《しんこく》が麻薬であるアヘンの取り締まりを強化したことに、輸出国のイギリスが反発。艦隊を派遣し、清国を圧倒した。

②日米修好通商条約
江戸幕府とアメリカの間で結ばれた。日本が関税権や、外国人の裁判権を放棄《ほうき》した、不平等な内容の条約。

③公武合体
公家《くげ》（朝廷）と武家（幕府）の協力体制を目指した幕府の政策。天皇の妹・和宮《かずのみや》と将軍・家茂《いえもち》の政略結婚などがあった。

スとの戦争で敗北。攘夷は不可能だが、同時に**公武合体**《こうぶがったい》（③）では外国に対抗できないとわかり、倒幕論が藩の主流となる。この両藩が歴史的な「薩長《さっちょう》同盟」を結んだことで、幕府滅亡、明治維新へ時代が動く。

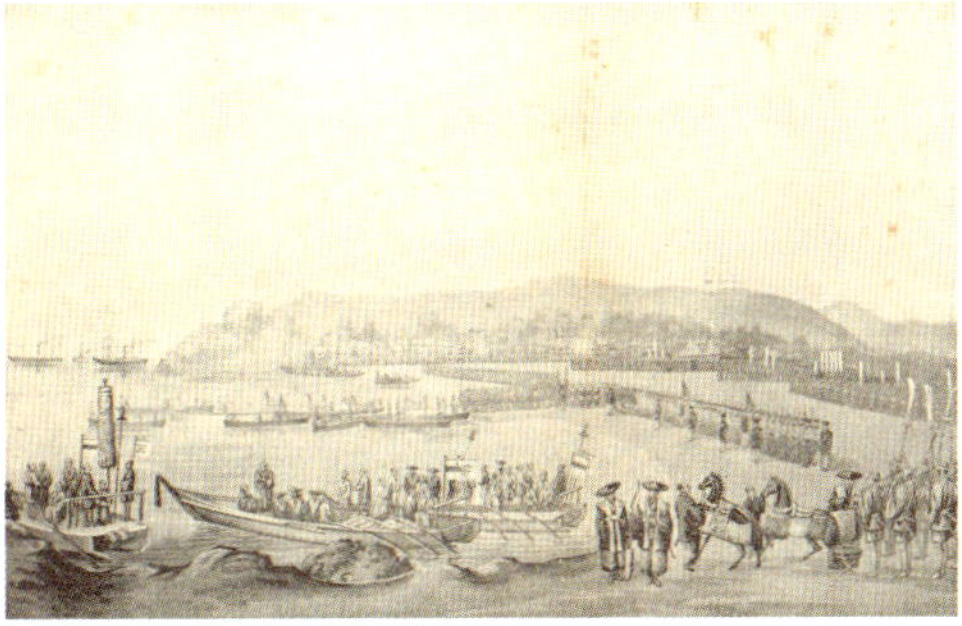

黒船の来航により日本では攘夷論が巻き起こるが、攘夷の不可能を知った薩長は倒幕へと舵を切った。
『提督ペルリ』（国立国会図書館蔵）より「ペルリ艦隊浦賀上陸の圖」

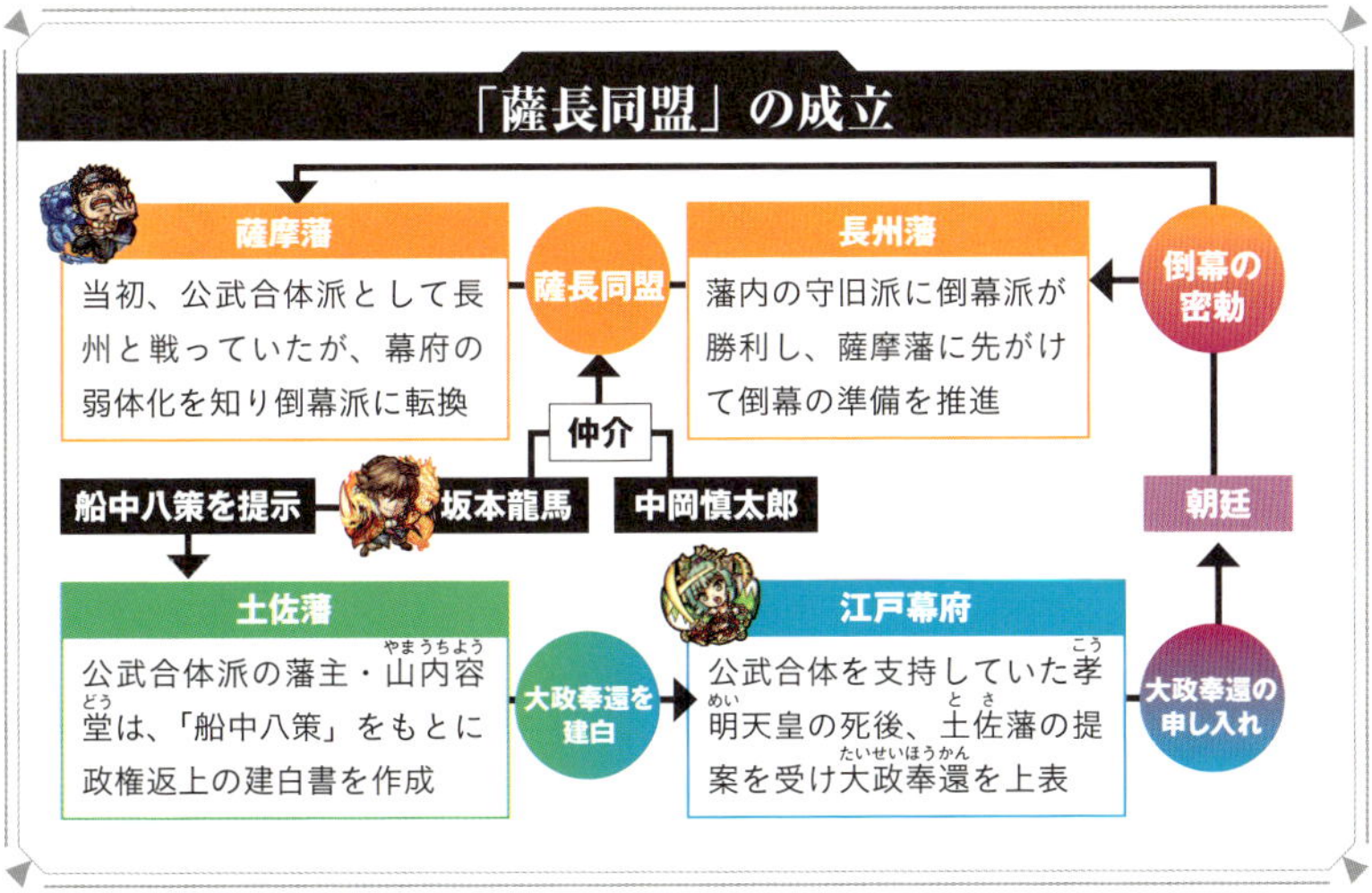

開国に踏み切った江戸幕府は、国内で尊王攘夷の気運が高まるなか大政奉還を行い、天皇を頂点としながら徳川家も政権にとどまることをもくろんでいた。しかし、同じく自らが政権を握ることにこだわった薩長は、倒幕の密勅《みっちょく》を得て旧幕府軍との戦いをはじめた。

西郷隆盛《さいごうたかもり》

生 1828～1877
出 薩摩《さつま》（現・鹿児島県）
幼 小吉《こきち》
別 西郷三助《さいごうさんすけ》、菊池源吾《きくちげんご》、大島三右衛門《おおしまさんえもん》

親分肌の
薩摩《さつま》の英雄

吾輩の力
受けるがいい！

土佐犬《とさけん》のまわし

土佐犬のまわしのような綱《つな》を身につける、神化した西郷《さいごう》。もともと恰幅《かっぷく》がよかったが、筋骨隆々《きんこつりゅうりゅう》となって、桁《けた》違いにパワーアップ

無類の愛犬家

史実の西郷《さいごう》は狩猟が好きで、数十頭の猟犬《りょうけん》を飼っていた。神化した西郷は、猛犬の姿をした波動を飛ばして攻撃

No.496 ★★★★★★
南洲翁《なんしゅうおう》 西郷隆盛《さいごうたかもり》

ストライクショット 西南豪掌波

VOICE
SS 吾輩の力、受けるがいい！　ストライクショット！
逃 ——
倒 ——

薙ぎ払えぃ!

親分肌

史実の西郷《さいごう》は、頼まれたら必ず応《こた》える度量の大きさがあった。モンストでも威厳《いげん》を持ちつつ、頼りがいのある風貌《ふうぼう》だ

No.494 ★★★★★
西郷隆盛《さいごうたかもり》

ストライクショット 無血開城でごわす!

VOICE
SS 薙ぎ払えぃ！　ストライクショット！
逃 ——
倒 ——

幼い頃に負ったケガの後遺症で武術の道をあきらめなければならなかった西郷隆盛《さいごうたかもり》は、学問に熱中した。身分は低かったが、薩摩藩主《さつまはんしゅ》・島津斉彬《しまづなりあきら》に見出《みいだ》されて江戸へ同行し、大きな影響を受けた。斉彬は当時から西郷の実力を高く評価しており、薩摩の貴重な「大宝《たいほう》」だと絶賛した。

斉彬が急死すると、西郷は殉死《じゅんし》を決意する。それを止めたのが、友人の僧・月照《げっしょう》であった。

その後、安政《あんせい》の大獄《たいごく》で幕府から追われた月照を、西郷は薩摩で匿《かくま》おうとしたが、藩から日向《ひゅうが》送りとされた。そのため、西郷はかつて自分の命を救ってくれた月照と2人で海に身を投げる。結果、月照は死に、西郷だけが生き残った。この事件が、その後の西郷の人生を決定づける。

月照との入水《じゅすい》で死んだつもりになった西郷は、生き残った結果、命を惜しまず、誰にでも会いどこへでも行った。そうして薩長《さっちょう》同盟、王政復古《おうせいふっこ》、江戸無血開城などを実現、明治維新《いしん》最大の功労者となったのである。

親分肌で面倒見のいい西郷を、斉彬は「お天道《てんと》様のよう」だともいった。そんな西郷は、天を敬い、人を愛するという意味の「敬天愛人《けいてんあいじん》」という言葉を好んで使ったという。

西郷はこの石碑の場所で最期を遂げたという。
（写真提供：鹿児島市）

西郷隆盛・ゆかりの地

西郷隆盛終焉《しゅうえん》の地

鹿児島県鹿児島市

明治政府参議を辞職し、西郷は鹿児島に戻った。そこで、不満を抱く士族たちに求められ、挙兵。政府軍と西南戦争を戦い、城山で自決した。現在は「南洲翁《なんしゅうおう》終焉之地」の石碑が残っている。

character

35

徳川慶喜《とくがわよしのぶ》

明治維新《いしん》を見届けた
江戸幕府最後の将軍

妾の前にひれ伏すがよい！

生 1837～1913
出 江戸（現・東京都）
幼 七郎麿《しちろうまろ》

倒幕《とうばく》派も恐れた才

史実の慶喜《よしのぶ》は「家康《いえやす》の再来」といわれた傑物《けつぶつ》で、手裏剣の達人。モンストの慶喜は女性で、神化は金色《こんじき》に輝く刀を使う

No.504 ★★★★★★

英断《えいだん》の華将軍《はなしょうぐん》 徳川慶喜《とくがわよしのぶ》

ストライクショット 回剣 不知火

VOICE

SS 妾の前にひれ伏すがよい！　ストライクショット！

逃 ――

倒 ――

徳《とく》川慶喜《がわよしのぶ》は、歴代徳川将軍のなかでもっとも長生きしたが、在任期間はもっとも短かった。江戸城の無血開城は100万人の命を救った英断だといわれ、慶喜は人々に支持された。日本最後の征夷大将軍《せいいたいしょうぐん》の役を解かれたあとの慶喜は、写真、狩猟、自転車、絵画などの趣味に没頭していたという。慶喜は武芸にも優れており、特に手裏剣は達人の腕前。弓道では毎日150本射る猛練習を行っていた。あまりの練習量で医者に止められ、100本に減らしたという。

将軍在任中は江戸ではなく、近畿に在住。京都の「禁門《きんもん》の変」における長《ちょう》州《しゅう》軍との戦闘にも参加。江戸幕府成立以降、馬に乗らず、刀を持って戦った経験のある唯一の将軍といわれる。

character

36 勝海舟《かつかいしゅう》

生 1823〜1899

出 江戸（現・東京都）

道を切り開く!

軍艦《ぐんかん》「咸臨丸《かんりんまる》」

史実で勝《かつ》は、江戸幕府が所有する軍艦「咸臨丸」の艦長となり、太平洋を横断。モンストでは同艦の船首にて、進路を指差す

薩《さっ》長《ちょう》、幕府、新《しん》選《せん》組《ぐみ》など、それぞれの思惑が渦巻く幕末に、江戸城無血開城を実現した中心人物。直心《じきしん》影流《かげりゅう》剣術《けんじゅつ》の免許皆伝《かいでん》を得た剣豪でもある。

No.488 ★★★★★

軍艦奉行《ぐんかんぶぎょう》 勝海舟《かつかいしゅう》

ストライクショット 進撃の咸臨丸

VOICE

SS 道を切り開く！　ストライクショット！

逃 ――

倒 ――

character

37 ジョン万次郎《まんじろう》

生 1827〜1898

出 土佐（現・高知県）

調子はどうだい?

米国で生活

史実では、鎖国時代に米国で生活していた万次郎《まんじろう》。モンストでは、ドレッドヘアーで青い目をしたアゲアゲのＤＪである

漁師・万次郎《まんじろう》は、嵐で船が漂流。救出した米国人船長の養子になり米国で教育を受けた。帰国後、黒船《くろふね》来航で混乱する日本において、通訳などで活躍。

No.493 ★★★★★

開国《かいこく》の英雄《えいゆう》 ジョン万次郎《まんじろう》

ストライクショット 開国スクラッチ

VOICE

SS 調子はどうだい？　ストライクショットーってな！

逃 ――

倒 ――

COLUMN

幕末における薩長《さっちょう》と幕府

攘《じょう》夷《い》運動が盛んになるなか、やがて薩摩《さつま》と長州《ちょうしゅう》は攘夷の不可能を悟り、倒幕《とうばく》へと動き出した。

薩英戦争と下関砲撃

倒幕運動の中核となった薩摩・長州・土佐《とさ》・肥前《ひぜん》の4藩は「薩長土肥《さっちょうどひ》」と称される。これらの有力な藩は「雄藩《ゆうはん》」と呼ばれ、いずれも幕末までに改革を推進して藩内での〝富国強兵〟を成し遂げていた。

4藩のなかでも討幕運動の急先鋒《きゅうせんぽう》となったのが「薩長」で、当初は両藩とも攘夷《じょうい》派だったが、薩摩はイギリスとの戦争（薩英《さつえい》戦争）から、長州は英・仏・米・蘭の四国

POINT 1 江戸城無血開城の立役者たち

1868年3月、江戸の薩摩藩邸で行われた新政府軍参謀・西郷隆盛《さいごうたかもり》と幕臣・勝海舟《かつかいしゅう》の会見により、新政府軍による江戸の総攻撃は中止され、翌4月に江戸城は無血開城となった。これは幕臣の立場を離れ日本の将来を考えた勝の深い思慮と、それに応じた西郷の英断によってなされた。

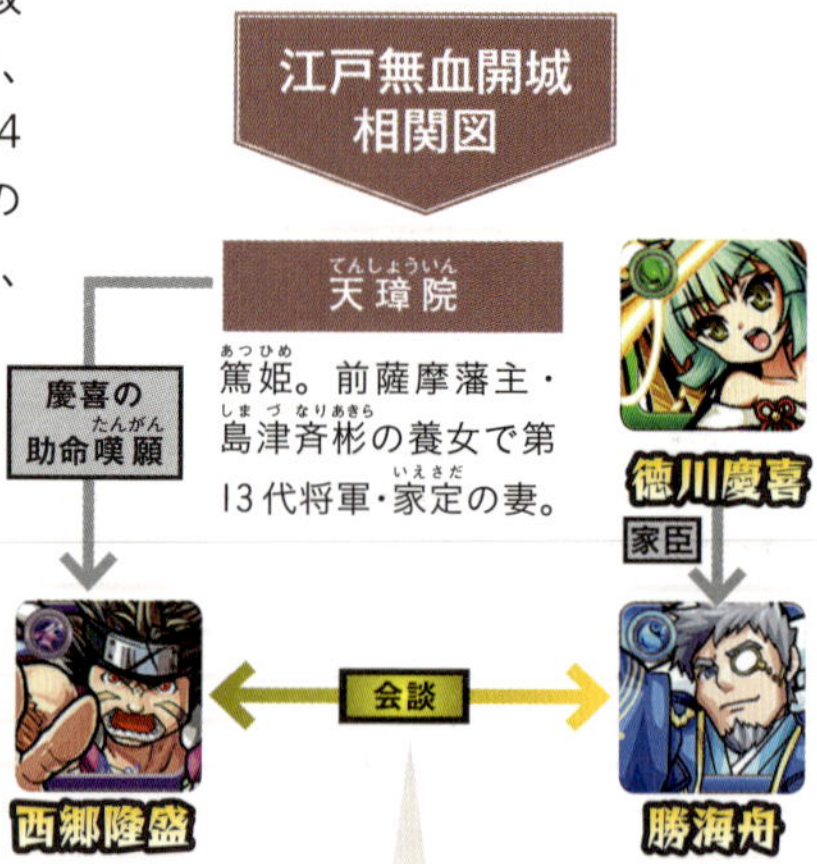

『新聞附録東錦繪』（国立国会図書館蔵）より「東台大戦争圖」。江戸城は無血開城となったが、それを不満とした彰義隊《しょうぎたい》が上野（東京）の寛永寺《かんえいじ》に立てこもり抵抗。新政府軍が壊滅させた。

勝が西郷に派遣した使者

山岡鉄舟《やまおかてっしゅう》

『幕末明治文化変遷史』（国立国会図書館蔵）

勝に先駆けて幕府側として西郷と会談し、戦闘回避の条件について協議を行った。剣や書の達人としても有名。

艦隊の砲撃（下関《しものせき》戦争）を受けて攘夷の不可能を知った。

「薩長同盟」の成立

当初は薩摩が公武合体《こうぶがったい》、長州は討幕派だったため、１８６４年の禁門《きんもん》の変では砲火を交えるなど両藩は敵対していた。

しかし、幕府の弱体化を見た薩摩は討幕の意志を固め、土佐藩を脱藩した坂本龍馬《さかもとりょうま》、中岡慎太郎《なかおかしんたろう》らの志士の仲介により「薩長同盟」が成立した。

やがて戊辰《ぼしん》戦争が勃発《ぼっぱつ》すると、それまで中立を保っていた土佐藩や肥前藩などが薩長の側につき、明治維新《いしん》後、この４藩が中心となり藩閥《はんばつ》政治を行うようになった。

絵解き

戊辰《ぼしん》戦争の推移

鳥羽《とば》・伏見《ふしみ》の戦いののち、新政府軍は東海道・東山道・北陸道に分かれて進軍。薩長に加担した西国の諸藩に対し、東国の諸藩は旧幕府の側に立ち最後まで戦った。

五稜郭《ごりょうかく》の戦い　1869年5月
旧幕臣の榎本武揚《えのもとたけあき》が箱館《はこだて》五稜郭を拠点として抗戦するも降伏。箱館戦争とも

奥羽越《おううえつ》列藩同盟　1868年5月
会津《あいづ》藩、鶴岡《つるおか》藩などの東北・北越の諸藩が新政府軍への抗戦のため結成

会津《あいづ》戦争　1868年8～9月
会津藩は1カ月にわたり新政府軍に抗戦したが敗北。白虎隊《びゃっこたい》の悲劇で有名

北越《ほくえつ》戦争　1868年5～7月
中立を主張した長岡《ながおか》藩家老・河井継之助《かわいつぐのすけ》が奮戦するも新政府軍に敗れた

江戸城無血開城
1868年4月

鳥羽《とば》・伏見《ふしみ》の戦い
1868年1月

上野《うえの》戦争　1868年5月
旧幕臣《ばくしん》を中心とした彰義隊《しょうぎたい》が寛永寺《かんえいじ》に立てこもり抵抗したが新政府軍に敗れた

character

38

近藤勇《こんどういさみ》

生 1834～1868

出 武蔵（現・東京都）

この一撃！

名刀「虎徹」《めいとう こてつ》

史実の勇《いさみ》は名刀として名高い「虎徹」の持ち主で、天然理心流《てんねんりしんりゅう》の使い手だった。モンストでも近藤は刀を持ち、二刀流の剣豪である

No.506 ★★★★★

新選組局長 近藤勇《しんせんぐみきょくちょう こんどういさみ》

ストライクショット 天然理心流 雲竜

VOICE

SS この一撃！ ストライクショット！

逃 仕切り直しよ！

倒 我、一片の悔いなし…

新《しん》選組《せんぐみ》初代筆頭局長・芹沢《せりざわ》鴨《かも》を暗殺して、局長となる。愛刀は長曽祢虎徹興里《ながそねこてつおきさと》。創作作品では「今宵《こよい》の虎徹は血に餓《う》えている」ということが多い。

character

39

土方歳三《ひじかたとしぞう》

生 1835～1869

出 武蔵（現・東京都）

クフッ、楽しいねぇぇー

殺し合いを楽しむ

史実で土方は、足元の砂を相手にぶつけるなど、型に捉われない実戦派だった。進化した土方は戦いに喜びを見出《みいだ》す戦闘狂《せんとうきょう》である

No.508 ★★★★★

凄然なる厳鬼 土方歳三《せいぜんなるげんき ひじかたとしぞう》

ストライクショット 天然理心流 闇鳥

VOICE

SS クフッ、楽しいねぇぇー、ストライクショット！

逃 いいね…！ お前らサイコーだよ！

倒 これが…死ってやつかぁ…！

新《しん》選組《せんぐみ》局長・近藤《こんどう》の右腕で、「鬼の副長」と隊内外から畏《おそ》れられた新撰組副長。裏切り者や怠惰《たいだ》な隊士には容赦《ようしゃ》なかったが、部下想《おも》いでもあった。

40 character

沖《お》田《きた》総《そう》司《じ》

生 1842～1868

出 江戸（現・東京都）

降参してよ

愛刀「菊一文字《きくいちもんじ》」

神化後の沖田は、史実でも愛刀だったといわれる「菊一文字《きくいちもんじ》」を持つ。モンストの沖田は女性のような見た目だが、男性である

新《しん》選組《せんぐみ》一番隊組長。天然理《てんねんり》心流《しんりゅう》と北辰一刀流《ほくしんいっとうりゅう》の免許《めんきょ》皆伝《かいでん》を得た剣の達人で、土方歳三《ひじかたとしぞう》や近藤勇《こんどういさみ》よりも強かったともいわれている。得意技は三段突き。

No.501 ★★★★★★

一番隊組長《いちばんたいくみちょう》 沖田総司《おきたそうじ》

ストライクショット 天然理心流 飛燕剣

VOICE

SS 降参してよ、ストライクショット！

逃 ――

倒 ――

41 character

斉《さい》藤《とう》一《はじめ》

生 1844～1915

出 江戸（現・東京都）

塵と化せ！

炎の霊剣《れいけん》

進化後の斉藤《さいとう》は霊力を帯びた炎の剣を操る。ちなみに新撰組の羽織は本来薄い青色だが、赤色なのも特徴的

流派は不明だが、新選組《しんせんぐみ》最強との呼び声が高かった三番隊組長。明治維新《いしん》後は警視庁で警官となり、西南《せいなん》戦争では西郷《さいごう》隆盛《たかもり》軍と戦った。

No.498 ★★★★★

孤高《ここう》の無敵剣《むてきけん》 斉藤一《さいとうはじめ》

ストライクショット 無外流 神突

VOICE

SS 塵と化せ！　ストライクショット！

逃 仕切り直しよ！

倒 これまでか…

COLUMN

幕末を駆けた浪士《ろうし》隊

新選組《しんせんぐみ》

激動の幕末、反幕府の過激派によるテロが勃発《ぼっぱつ》する京都で結成された新選組とは？

尊王攘夷《そんのうじょうい》を掲げた志士《しし》たち

1863年、攘夷を進める将軍の警護のために浪士組が結成されたのち、水戸藩浪士の芹沢鴨《せりざわかも》と近《こん》藤勇《どういさみ》の両派閥が浪士《ろうし》組から離脱。京都《きょうと》守護職《しゅごしょく》の松平容保《まつだいらかたもり》の預かりで新たに同志を組織し、京都郊外の壬生《みぶ》に屯所《とんしょ》を置いたことから「壬生浪士《みぶろうし》」と呼ばれた。「八月十八日の政変」では壬生浪士も御所《ごしょ》内の警護を行い、尊攘《そんじょう》過激派を排

POINT 1 新選組の組織

1864年、長州征伐のため幕府軍の出陣が目前となった新選組は、土方の提案で小隊制という組織編制を取り入れた。各小隊の組長を副長・土方のもとに置き、各組長に平隊士が直属することで、土方を通して全ての命令がくだされるようにしたのだ。当時としては極めて画期的だったこの組織編制が、新選組の機動性を高めたといわれている。

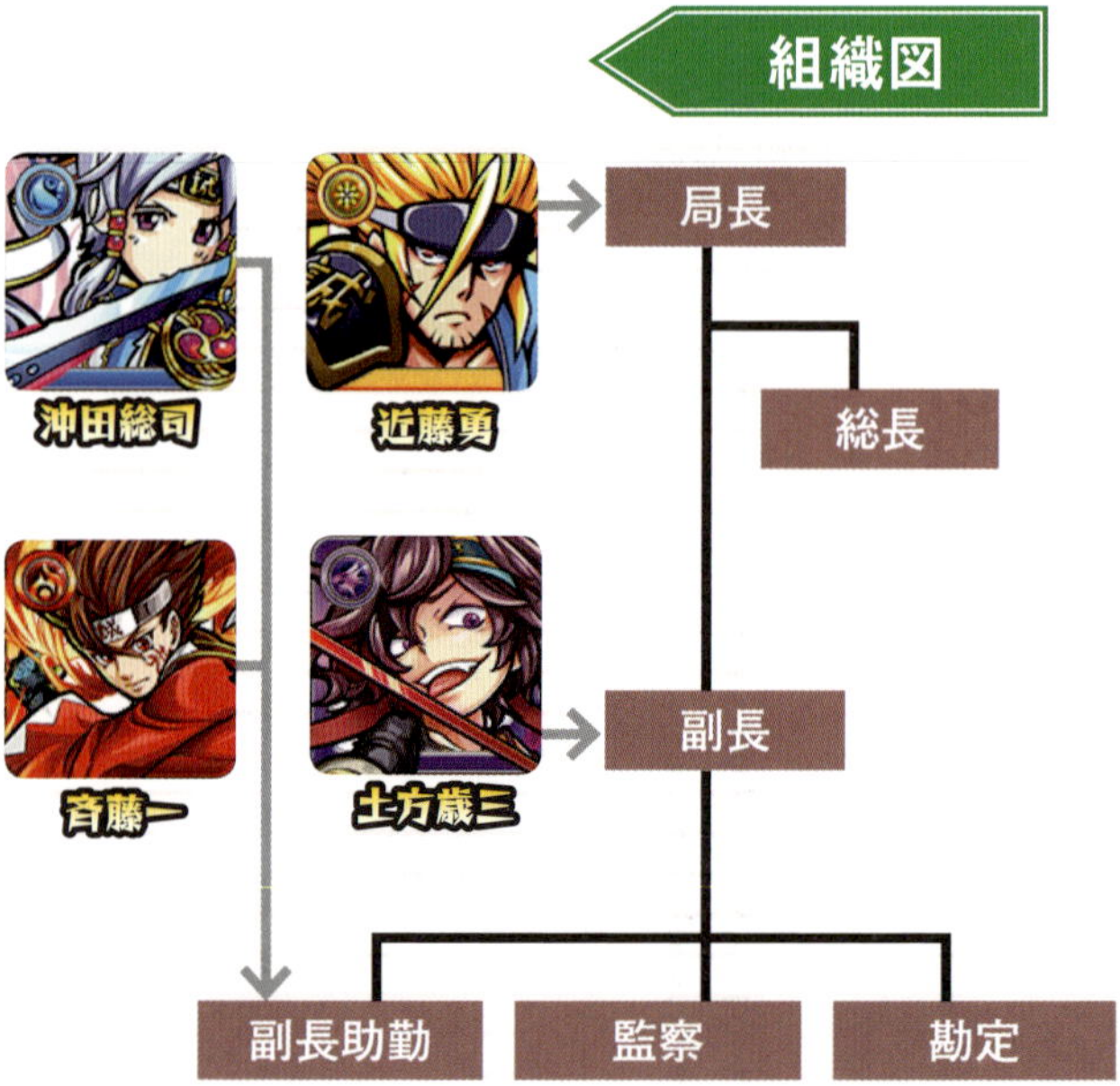

新撰組　略年表

1834	近藤勇が誕生
1835	土方歳三が誕生
1848	近藤勇が「試衛館《しえいかん》（※1）」入門。土方、沖田らと出会う

除し、朝廷から「新選組」の隊名が下された。しかし、芹沢の京都市街での暴挙を見かねた容保が近藤らに命じて芹沢は暗殺された。

尊攘派を揺るがす事件

近藤が局長、土方歳三《ひじかたとしぞう》が副長となった新選組は、1864年、尊攘志士らが放火を画策していることを知り、旅館・池田屋《いけだや》を襲撃して志士らを制圧。これにより新選組の名は世に轟《とどろ》いた。

その後も新選組は分裂騒動を経ながら京都市中で活躍し、幕臣に取り立てられた。だが鳥羽《とば》・伏見《ふしみ》の戦いで旧幕府軍とともに敗れ、その後の奮戦もむなしく新選組は消滅した。

POINT 2 新選組の最後

鳥羽・伏見の戦いで敗れた新選組は江戸に帰り、近藤は甲陽鎮撫隊《こうようちんぶたい》を結成して新政府軍と戦った。しかし、甲斐で敗れたのち下総《しもうさ》の流山《ながれやま》で捕らえられ、東京の板橋《いたばし》で斬首《ざんしゅ》された。また、流山で近藤と別れた土方は北関東や東北を転戦したのち旧幕臣《ばくしん》の榎本武揚《えのもとたけあき》の軍艦に同乗し箱館で陸軍奉行並となるが、同地で戦死。なお、斉藤一は明治以降も生き残り警察官となった。

近藤勇

土方歳三

『珍らしい写真』（国立国会図書館蔵）

1863	浪士組結成（京都へ）
1863	八月十八日の政変（※2） 隊名を「新選組」とする 芹沢鴨を暗殺
1864	池田屋事件 禁門の変（※3）
1867	江戸幕府の家臣となる
1868	戊辰戦争勃発（鳥羽・伏見の戦い） 近藤勇が板橋で処刑される
1869	土方歳三が箱館で戦死 戊辰戦争終結（新選組解散）

※1　試衛館…近藤勇の養父・周助《しゅうすけ》が創設した天《てん》然理心流《ねんりしんりゅう》道場。のちに近藤勇が継ぐ。

※2　八月十八日の政変…会津藩、薩摩藩を中心とした公武合体派が、長州藩士ら尊攘過激派を京都から追放した政変。

※3　禁門の変…長州藩兵が、再び会津藩、薩摩藩を中心とした幕府軍と京都御所付近で戦闘を行い、敗北した。蛤御門《はまぐりごもん》の変とも。

BOOK STAFF

監修：XFLAG™ スタジオ

株式会社ミクシィのXFLAG™（エックスフラッグ）スタジオは、“ケタハズレな冒険を。”のスローガンのもと、「モンスターストライク（通称モンスト）」を始めとしたゲームアプリや映像コンテンツ、e-Sportsなど、友達や家族が集まってワイワイ楽しめる“アドレナリン全開”のバトルエンターテインメントを提供しています。

監修：矢部健太郎（やべ・けんたろう）

國學院大學文学部教授。日本中世史、室町・戦国・織豊期の政治史・制度史・公武関係史を専門とする。主な著書に『関ヶ原合戦と石田三成』『豊臣政権の支配秩序と朝廷』（ともに吉川弘文館）などがある。

Edit：山田容子、小芝俊亮、神川雄旗（G.B.）
Design：森田千秋（G.B. Design House）、DTP：藤谷美保
Text：熨斗秀信、米良厚
Proofreader：玄冬書林

モンスターストライクで覚《おぼ》える日本《にほん》の武将《ぶしょう》

2017年4月20日　第1刷発行

監修者…XFLAG™ スタジオ／矢部健太郎
発行者…中村　誠
印刷所…図書印刷株式会社
製本所…図書印刷株式会社
発行所…株式会社日本文芸社
〒101-8407　東京都千代田区神田神保町1-7
TEL 03-3294-8931［営業］　03-3294-8920［編集］
URL http://www.nihonbungeisha.co.jp/

Printed in Japan 112170403-112170403 Ⓝ 01
ISBN978-4-537-21469-7
（編集担当：上原）

- ゲームの内容などについては、下記のURLからお問い合わせください。
  モンストお客様サポート係
  http://www.monster-strike.com/support/